ZHONGGUO

SHUYUAN

SHIHUA

王炳照　著

典藏版

中国国际广播出版社

ZHONGGUO

目 录

第一章

书院概述

　　书院是中国古代特有的一种教育组织形式。书院之名始于唐中叶贞元年间（785—805）官方设立的丽正书院和集贤殿书院，其职责为收集整理、校勘修订图书，供朝廷咨询，兼做皇帝侍读、侍讲，类似于宫廷图书馆。唐末五代，读书士子多隐居避乱读书山林，后发展为聚书授徒讲学，常以书院命名读书讲学之地，遂演化为一种教育组织形式。至宋初，形成一批颇有影响的著名书院，如白鹿洞、岳麓、嵩阳、应天府、石鼓、茅山等书院。南宋时期更吸收、借鉴佛教禅林讲学的制度，使书院得到进一步发展和完善，经元、明而不衰，至清末，随着整个封建教育制度的衰败，近代新式学堂的诞生，古代书院才逐步改为学堂。书院在中国大地上存在了一千余年，成为中国文化史和教育史上引人注目的一大奇观。

　　书院一般是以私人创办或主持为主的，也有家族、民间出资筹办的，多数得到朝廷和地方官府的鼓励和资助，或赐名、赐匾额、赐书；或赐银、拨田产，成为私办官助、民办公助的办学兴教的形式。

大多数书院是由名师大儒聚徒讲学发展而成的。主办者或主持人以书院为基地，研究或传布自己学术研究的心得和成果。书院也以著名学者的学术成果为主要教育内容。书院生徒多是慕名师来学，并将从师学习与个人学术志趣紧密结合，边读书、边学习、边研究。这就形成学术研究与读书讲学融为一体、相互结合、相互促进的独特教学方式和教育组织形式。

书院的师生多以醉心学术、潜心修炼心性为目标，因此多数书院反对科举，反对追逐名利，师生多数厌恶科举、淡泊仕途，隐居山林胜地，超然观世事，冷言论朝政，以清高脱俗、持志守节相标榜。经常与当权执政者的现行政策和直接利益发生矛盾。如南宋的朱熹书院讲授程朱理学，曾被列为"伪学""禁党"，明中叶王阳明在书院传授陆王心学，也被视为"异端邪说"；明末顾宪成、高攀龙在东林书院讲学，"讽议朝政，裁量人物"，更被定为"东林党案"，东林书院遭禁毁，并殃及全国书院。正因为如此，元代和清代都曾对书院加强控制，使书院官学化，纳入科举考试的轨道，使之与官学一样，变成科举考试的附庸。

书院与各级官学既有互补的关系，又有异趣相峙的抗衡关系。一般来说，官学不兴，书院勃兴，弥补了官学数量不足。特别是朝廷无暇顾及兴学设教，无力兴办官学，往往鼓励、支持书院发展，书院成为满足士子读书要求、保持社会安定的重要手段。一旦朝廷有可能集中精力发展官学，书院便被冷落。在千余年书院发展历程中，多次出现官学盛书院衰、书院兴官学败的交替互补的势态。由于官学更多地受到科举考试制度的支配和控制，务虚文、逐名利，造成官学弊端丛生，教学全无"德行道艺之实"，书院往往起而纠官学之偏、革官学之弊。官学与书院呈现出异趣相峙、并列抗衡的局面。

从总体上看，官学的课程和教学比较冗繁、呆板，过于程式化，而书院的课程和教学比较简约、灵活，师生有较多的主动性和自由度。毛泽东早年创办湖南自修大学时，曾借鉴古代书院的办学传统，肯定书院课程简约、教学灵活，师生共同研讨，悠然自得，师生感情融洽，远优于官学。

书院基本属于私学性质，但它不同于一般的私塾、社学、义学。可以说，书院是一种高级形态的私学。书院的教学是以学术研究为主的，多数书院往往是某一学派的活动中心或研究基地。书院既是学校，又是研究机构，同时还是一个学术团体；而一般私塾、社学、义学等多数是启蒙教育的性质，主要是识字、日用常识、基本伦理、行为规范的灌输和训练、应试备考的初步准备。在古代私学系统中，可以认为，一般私塾、社学、义学属初等教育或基础教育范畴，而书院基本上属于高等教育范畴。当然，有的时期书院设置十分普及，有些书院也承担部分初等教育的职能，特别是一些家族式书院，即便如此，书院也与私塾、社学、义学有明显区别。

讲学和学术研究是书院主要的活动内容。讲学与学术研究紧密结合成为书院教育的突出特点，结合的方式灵活多样。通常由书院主持者主讲，每讲立一主题，称为明立宗旨，讲授其研究心得和研究成果，生徒边听讲，边质疑问难，形成讨论式教学。有时书院延聘不同学派的名师来书院讲学，书院师生共同听讲，开展论辩，探究不同学派之异同。例如，朱熹曾邀陆九渊至白鹿洞书院讲"君子喻于义，小人喻于利"。这种讲学方式，发展成一种"会讲"制度，实际把书院讲学变成不同学派之间开展学术争鸣论辩的研讨会。如朱熹与张栻（shì）在岳麓书院曾有"朱张会讲"。这种讲学方式更进一步发展成"讲会"制度，各书院轮流主办，邀集其他书院师生共同讲论，当地官员、士绅、民众均可自由前来听讲，从而扩展为以书院为中心的地区性学术讲习活动，并且订立了完整的"讲会规约"，有的范围波及数郡县，听讲者达一两千人。如：明代紫阳书院讲会，订有"紫阳会约"；东林书院讲会，订有"东林会约"等。这种方式，在南宋和明中叶十分普遍，几乎成为书院讲学的主要方式，对文化教育、学术思想、世俗民风产生过极大的影响。

书院的另一项重要的活动内容是开展祭祀活动。书院的祭祀同宗教祭祀或祖先祭祀有着重要区别。书院的祭祀活动着眼于教育功能，多数除祭祀孔孟等先圣先师之外，着重祭祀本学派的创始人和代表人物，同时祭祀对本书院创办和发展作出贡献的人士。宣扬他们的事迹，牢记他们的学术旨趣，怀念他们的功德，为师生树立仰慕和仿效的典范，成为进行学派学术渊源和书院奋斗历程教育的好形式，形象具体生动，效果极佳。

搜集、收藏图书也是书院的一项重要活动内容。书院，顾名思义，以藏书丰富著称于世，每个书院都成为当地藏书最丰富、齐备的场所，许多书院专建藏书楼、藏书阁或书库，成为书院建筑的一个重要构成部分。书院的藏书活动既为书院教学和研究准备了充足的资料，又为当地士民、乡绅查阅、咨询提供了方便。不少书院还自行刊刻图书，书院主持者或主讲人的讲义和研究成果、书院生徒的听讲笔记、读书日记，经过整理，刊刻成书，既保留了教学科研的成果，又扩大了社会影响。现今图书馆收藏的善本书、珍本书中，就有不少是"书院本"。这种将图书馆、学校教育、研究机构集于一体的独特组织形式，对后世颇有启迪之效。

书院作为一种历史文化现象已不复存在了，然而书院的优良传统仍有极强的生命力。近代致力于教育改革、文化更新的不少人士经常热心研究中国古代书院，从中汲取营养，寻找借鉴。近年更有创办新式书院的尝试。人们也许可以看到，书院这种古老的文化教育特有的组织形式，在新时代会焕发出新的生机。

书院的起源

　　书院是中国古代特有的教育组织形式，对中国古代教育和学术文化的发展曾产生过重要影响。书院教育的许多特点和积累的宝贵经验，引起了各方面的重视。近年来，在中国教育史、中国文化史学者们的共同努力下，取得了丰硕的研究成果。

　　书院的起源历来是书院研究者十分关注的问题。几代学人曾以不同的学术观点，从不同的角度进行过探讨，得出过不尽相同的认识和结论，对人们认识书院教育的本质特点提供了多方面的启示。

　　从中国教育史的角度探讨书院的起源，主要是需要探明具有讲学活动的书院起于何时。为此，很有必要对书院的性质和特点作出恰当的界定。根据现有认识，综合各家的研究成果，我们初步界定：书院教育是指以私人创建或主持为主，收藏一定数量的图书，聚徒讲学，重视读书自学，师生共同研讨，高于一般蒙学的特殊教育组织形式。其中，广收图书、聚徒讲学为书院教育的本质特征。我们也正是从这个意义上探讨中国书院的起源和书院教育发展史的。

一、书院之名始于唐

现有史料证实，最早使用书院之名的是唐代官府。清代学者袁枚在《随园随笔》一书中明确指出："书院之名，起于唐玄宗时，丽正书院、集贤书院皆建于省朝。为修书之地，非士子肄业之所也。"袁枚的说法成为书院研究者所公认的最权威的结论。这一说法肯定了两点："第一，最早使用书院之名者是唐玄宗时创置的丽正书院和集贤书院；第二，丽正书院和集贤书院都是官府的修书之地，而非士子肄业之所，是官府皇宫的图书馆，而不是培养人才的教育机构。"

丽正书院，也称丽正修书院，又称丽正殿书院。据《旧唐书·职官志》记载：唐玄宗开元五年（717），在乾元殿东廊下写四部书以充内库，专设校定官四名。《新唐书·百官志》则称：开元六年（718）乾元殿改称丽正修书院，专设检校官，改修书官为丽正殿直学士。开元十一年（723）又在光顺门外置书院。开元十二年（724）东都明福门外也置丽正书院。这就是说，自开元五年至开元十二年唐玄宗先后在乾元殿、光顺门外、明福门外三处置丽正书院，抄书、修书和校书。

集贤书院，也称集贤殿书院。据《旧唐书·玄宗本纪》记载：开元十三年（725）夏，改集仙殿为集贤殿，丽正书院改为集贤殿书院。随后，大明宫光顺门外、东都明福门外的丽正书院也改为集贤书院。

丽正书院和集贤书院的基本职能是修书、校书。其动机和目的重在显示唐代统治者崇儒问道的精神和功德，同时也表明唐代统治者继承和弘扬历史传统、以古鉴今的决心和善举。

起初唐玄宗的大臣名儒褚（chǔ）无量，认为内库旧书自唐高宗以来，一直藏在宫中，历时久远，逐渐丢失、损坏，奏请派专人缮写、刊校，以便弘扬经籍之道。这项建议深得玄宗赞同，遂令在东都乾元殿前施架排次，大加搜写，并广采天下异本，进行刊校。经数年努力，四部经籍，得以充备。玄宗十分高兴，命褚无量于丽正殿以续前功。

有一天，玄宗召集张说和礼官、学士等，赐宴于集仙殿。玄宗对张说讲："今天，朕与卿等众贤才同宴于此，宜改集仙殿为集贤殿。"遂改丽正书院为集贤殿书院，并命张说主持院事。很显然，集仙殿明显有道家、道教的意味，改为集贤殿表明了崇儒的精神。

有一次，中书舍人陆坚提出：集贤殿书院学士用人不当，而供俸太高，耗费过重，无益于国家，主张罢免众学士。张说听到后，公开予以驳斥，指出：自古以来，帝王功成之后，往往有骄奢自满之失。有的大兴池观，信佛奉道；有的迷恋声色，腐化堕落，耗财扰民。如今，皇帝崇儒问道，亲自讲论经籍，聘请众多豪俊之士，创置丽正书院，作为天子礼乐之所，所用费用极少，而所获益处却极大。陆坚之言，实无道理。玄宗得知，深信张说之言有理。陆坚由此而不再受重用了。

自西汉武帝以后，独尊儒术成为历代统治者普遍遵循的治国方略。收藏、整理经籍成为统治者尊孔崇儒的重要举措，也是统治者炫耀功德的重要标志。搜集、收藏、刊校、整理经籍成为朝廷的一件大事，形成了悠久的历史传统。唐玄宗创置丽正书院、集贤书院正是为了表明继承和弘扬历史传统、增强统治威力的决心。《旧唐书·职官志》

曾详细列举历代藏书、校书之事，以证明唐玄宗置丽正书院、集贤书院正是继承汉魏以来的历史传统，也表明丽正书院、集贤书院是由汉魏以来的秘书监、文德殿、文林馆、麒麟阁一类的官府藏书机构发展而来的，并具有类似的职能。

不过，唐代的丽正书院、集贤书院较前代的藏书、校书机构职能有所扩展，新增了咨询、顾问、侍读、侍讲的职能。通过"刊缉古今之经籍，以辨明邦国之大典"，"而备顾问应对"；发现"天下图书之遗逸，贤才之隐滞"，则上奏请求征集，"其有筹策之可施于时，著述之可行于代者，较其才艺而考其学术而申表之"。据《新唐书·百官志》"集贤殿书院注"称：唐玄宗"尝选耆儒，日一人侍读，以质史籍疑义"。大学士侯行果等曾侍讲《周易》《老子》《庄子》。侍讲后，玄宗经常赐酒宴，学士与玄宗燕饮为乐，前后赋诗唱和，多得玄宗嘉赏。

《全唐诗》中保留了几首君臣酬和诗，可以帮助我们判断书院设置的确切时间和部分活动内容。唐玄宗的诗有一首是《春晚宴两相及礼官丽正殿学士探得风字》，诗前有序，注明时间为"乙丑，开元十三年，三月二十七日"。还有一首为《集贤书院成，送张说上集贤学士，赐宴得珍字》，其前几句为：

> 广学开书院，崇儒引席珍。
>
> 集贤招衮职，论道命台臣。
>
> 礼乐沿今古，文章革旧新。
>
> 献酬尊俎列，宾主位班陈。

表明唐玄宗崇儒论道、继承古今礼乐、革新制度文章的心愿。

张说的和诗，也极力颂扬唐玄宗的功德。一首为《恩制赐食于丽正殿书院宴赋得林字》：

东壁图书府，西园翰墨林。

诵诗闻国政，讲易见天心。

还有一首是《赴集贤院学士上赐宴应制得辉字》：

侍帝金华讲，千龄道固稀。

位将贤士设，书共学徒归。

……

欲知朝野庆，文章日光辉。

丽正书院、集贤书院作为为朝廷刊缉经籍、校理图书、征储贤才、侍读侍讲、承旨筹策、撰述待制、辨别邦国大典、以质史籍疑义而备顾问应对的馆阁，固然同聚徒讲学的书院有别，所以，它不是作为"士子肄业之所"的通常意义的教育组织。然而，唐代的丽正书院、集贤书院较汉魏以来的秘书监、文德殿、文林馆、麒麟阁一类的朝廷馆阁专为"修书之所"有所发展，增添了侍读侍讲，以质史籍疑义的新职能，不能不说它已步入宫廷教育的一个组成部分，具备了特有的教育功能。特别是搜集、收藏图书，理校经书史籍，极大地启发了社会上一批读书士子利用藏书，在个人研读的基础上，发展成授徒讲学的教育新思路。因此，唐代官府创置的丽正书院、集贤书院，虽非士子肄业之所，但它对于书院教育发展无疑也产生了明显的诱发作用。

二、书院教育起于唐末五代

作为教育组织性质的书院起源于民间的私人聚书讲学活动。

私人讲学在中国有悠久的历史。从孔子首创私学，到诸子百家率徒讲学，私学大盛，奠定了私人讲学的良好基础。秦代虽明令禁私学，而事实上私人讲学禁而不止，至汉代私人讲学更蓬勃兴起，并创立了私学的高级形式——精舍、精庐。杨荣春先生在《中国封建社会教育史》一书中说："书院是私学的高级表现形式。"陈登原先生在《中国文化史》一书中也说过："在唐以前，私人授学之所，名曰精舍。谢承的《后汉书》云：'陈实，字仲弓，归家立精舍讲授，诸生数百人'，'董春，会稽余姚人。立精舍，远方门徒从学者常数百人。诸生多升讲堂，鸣鼓三通，横经捧手请问者百人，追随上堂问难者百余人'，此即书院之前身。六朝以后，此风愈盛，僧道又各有精舍，以授其徒。此盖书院之前身云。"

将汉魏以来的精舍或精庐看作是书院教育的"前身"，这是很有见地的。一方面表明了书院教育是私人讲学悠久历史传统的继承和发展；另一方面也表明了汉魏以来的精舍或精庐，只是书院教育的"前身"，还不是唐末五代以后的书院教育本身。

书院教育的本质特征是私人藏书聚徒讲学。民间或私人具备藏书条件，构成书院教育产生的前提。汉代以经术造士，大师立精舍，从学者至数千百人。正如皮锡瑞《经学历史》所言:"所以如此盛者,汉人无无师之学,训诂句读,皆由口授,非若后世之书,音训备具,可视简而诵也。书皆竹简,得之甚难,若不从师,无从写录。非若后世之书,购买极易,可兼两而载也。"这说明汉魏以来的精舍或精庐,大师私人讲学皆由口授,尚不具备藏书条件。因而,精舍或精庐还不是书院教育,尽管宋以后有些典型的书院也有以精舍命名者,那只是表明后世学者对前世传统的崇尚或追慕,而不能证明精舍或精庐已经是书院教育本身了。

唐代由于社会生产力的发展和科学技术的进步,发明了雕版印刷术,并迅速得到推广。明代学者胡应麟在《少室山房笔丛》中称:"雕版肇自隋,行于唐世,扩于五代,精于宋人。"雕版印刷术的发明,并在唐五代得以大规模推广应用,为书籍的印刷制作提供了极大的方便。印刷业的发展,书籍的质量改善,使之数量大增。除了官方藏书的丽正书院、集贤书院之外,民间或私家藏书具备了较好的条件。唐中叶之后,各地民间或私人创建的书舍、书屋、书楼、书堂、书院之类的设施先后一批批地涌现。在官方丽正书院、集贤书院首先以书院命名为"修书之地""藏书之所"的诱发下,书院之名在民间或私人中更广泛地流行起来。

唐代私人创建的书院在文献记载中已屡见不鲜。仅在《全唐诗》中就可见以书院为题的诗十一首。如李秘书院、第四郎新修书院(一名薛载少府新书院)、赵氏昆季书院、杜中丞书院、费君书院、李宽中秀才书院、南溪书院、田将军书院、子侄书院、沈彬进士书院。这些书院多以个人命名,还不像稳定的正式名称,这反映了书院初建时期的特点。见于各地方史志，注明建于唐代的书院有：

浙江省

　　青山书院　　建德县　　翁洮建于唐

　　蓬莱书院　　象山县　　县令杨弘正建于唐大中四
　　　　　　　　　　　　　年（850）

　　溪山书院　　诸暨市　　吴少邦读书处，建于唐大
　　　　　　　　　　　　　中四年

　　九峰书院　　龙游县　　徐安员读书处，建于唐大
　　　　　　　　　　　　　中四年

　　丽正书院　　绍兴市　　建于唐大中四年

福建省

　　梁山书院　　漳浦县　　潘有美读书处，建于唐

　　闻读书院　　福清县　　陈灿建于唐

　　鳌峰书院　　建阳县　　熊秘建于唐

　　草堂书院　　福鼎县　　林嵩建于唐

　　松州书院　　漳州市　　传为陈珦（xiàng）读书处，
　　　　　　　　　　　　　建于唐

江西省

　　桂岩书院　　高安县　　幸南容建于唐元和九年（814）

　　景星书院　　九江市　　李渤建于唐长庆初

　　李渤书堂　　德安县　　李渤建于唐长庆初
　　（少室书院）

东佳书堂　德安县　陈崇建于唐大顺元年（890）
（陈氏书堂）

皇寮书院　永丰县　刘庆霖建于唐

飞麟书院　南昌市　程煦（xiù）建于唐乾符五年
（虎溪书院）　　　（878）

登东书院　吉水县　解世龙建于唐乾符末

湖南省

南岳书院　衡山县　李繁建于唐
（邺侯书院）

李宽中秀才书院　衡阳市　李宽建于唐元和中
（石鼓书院）

杜陵书院　耒阳县　建于唐

王宁书院　桃源县　建于唐

石山书院　攸县　　建于唐
（光石山书院）

韦宙书院　衡山县　韦宙读书处，建于唐

卢藩书院　衡山县　卢藩读书处，建于唐

文山书院　澧（lǐ）县　李群玉读书处，建于唐

四川省

丹梯书院　巴中县　张曙读书处，建于唐

凤翔书院　西溪县　杨发读书处，建于唐

西溪书院　西溪县　杨发读书处，建于唐

青莲书院　盐亭县　李白读书处，建于唐

　　　　张九宗书院　遂宁县　张九宗建于唐贞元至元
　　　　和间

贵州省

　　儒溪书院　绥阳县　柳宗元读书处，建于唐

陕西省

　　丽正书院　西安市　唐官方修书之地，建于开元间
　　（集贤书院）

　　瀛洲书院　蓝田县　李元通建于唐

山东省

　　李公书院　临朐县　李靖读书处，建于唐

山西省

　　费君书院　永济县　费冠清建于唐

河南省

　　丽正书院　洛阳市　建于唐开元间

上列书院 30 余所，多数笼统地称建于唐，无具体年代可考，更无有
关讲学活动的记载，多注明为某人读书处，明确记载有讲学事迹者仅
有三所，即，江西的皇寮书院，"唐通判刘庆霖建以讲学"（光绪《江
西通志》卷八十一）；福建的松州书院，"唐陈珦与处士讲学处"
（同治《福建通志》卷六十四）；江西的东佳书堂（亦称陈氏书
堂、义门书院），"唐义门陈衮即居左建立，聚书千卷，以资学者，
子弟弱冠，皆令入学"（同治《九江府志》卷二十二）。江西还
有一所书院，称梧桐书院，光绪《江西通志》称："唐罗靖、罗简讲

学之所。"实际这所书院始建于五代时的南唐。

创办于南唐的江西梧桐书屋横匾
（选自李国钧主编《中国书院史》）

有关史料尽管十分简略，但从这些有限的史料中，人们已经可以洞察到书院教育初创时的基本状况。书院教育源于民间或私人聚书读书，发展为授徒讲学。元代学者欧阳玄在《贞文书院志》一文中说："以故家积书之多，学者就其书之所在而读之，因号为书院。"（同治《丰城县志》）可以说，至唐末，作为"士子肄业之所"的书院教育已具雏形，但规模甚小，且不甚稳定。

五代时期，书院教育得到进一步发展。据《新五代史·一行传》称："五代之乱极矣！《传》所谓天地闭，贤人隐之时欤！""干戈兴，学校废，礼义衰，风俗隳（huī）坏"，然而，"天下未尝无人也"，"仍有洁身自负之士，嫉世远去而不可见者"。士人隐居山林读书讲学成为唐末五代的一种社会风尚。其中颇有一些创学馆、建书堂以延四方之士者。如石昂，"青州临淄人也，家有书数千卷，喜延四方之士，士无远近多就昂学问。食其门下者或累岁，昂未尝有怠色"。

（《新五代史·石昂传》）罗绍威，"字端正，其先长沙人……绍威好学工书，颇知属文，聚书数万卷，开馆以延四方之士"。（《新五代史·罗绍威传》）罗绍威"有英杰气，工笔札，晓音律，性复精悍明敏，服膺儒术，明达吏理，好招延文士，聚书万卷，开学馆，置书楼"（《旧五代史·罗绍威传》）。《旧五代史·唐明宗纪》注引《爱日斋丛钞》称："唐末以来，所在学校废绝，蜀毋昭裔出私财百万，营学馆，且请版刻《九经》。蜀主从之，由是蜀中文学复盛。"《荆湘近事》也载蒋淮东隐居衡岳，聚徒讲学，受业者称其为山长。这些聚书万卷、千卷的学馆、书楼，延四方之士，聚徒讲学，虽未以书院命名，实际上已是教育性质的书院。

直接指明建于五代的书院也有多所。如：

窦氏书院，后周时范阳人窦禹钧建于今北京市昌平区内。据《范文正公文集·窦谏议录》载：窦禹钧，范阳人，"诸子进士登第，义风家法为一时标表。于宅南构一书院，屋四十间，聚书数千卷。礼文行之儒，延置师席。凡四方孤寒之士无供需者，公或为出之。无问识不识，有志于学者，听其自至，故其子见闻益博，凡四方之士，由公之门登显贵者，前后接踵"。

闻名于后世的嵩阳书院（**河南登封境内**）、应天府书院（**睢阳书院，河南商丘境内**），以及洛阳的龙门书院，都始建于五代时期。

五代战乱之际，南方地区相对稳定，所建书院更多。如：

蓝田书院，在福建古田县，为南唐员外郎余仁椿所建，被后人称作古田文化的摇篮。

嵩阳书院大唐碑

留张书院，在江西宜丰境内，为南唐张玉所建。同治《新昌县志》称：张玉，"唐亡挂冠归闲，户不出，构书堂名留张，讲学其间"。

云阳书院，在江西永修境内，南唐进士吴白举建。

光禄书院，在江西吉安县富田，南唐张玉所建。

匡山书院，在江西泰和县。南唐邑人罗韬所建。明宗曾敕书赐额，称其"寻因养病，遂尔还乡，后学云从，馆起匡山之下。民风日益，俗成东鲁之区"。

梧桐书院，在江西奉新境内，南唐罗靖、罗简兄弟聚徒讲学之所。

华林书院，在江西奉新境内，是一所胡氏家族的家塾式书院，据称："聚书万卷，大设厨廪，以延四方游学之士。"

王日藻在《嵩阳书院碑记》中称："夫五代日寻干戈，中原云扰，圣人之道绵绵延延，几乎不绝如线矣。而书院独繁于斯时，岂非景运将开，斯文之未坠，已始基之欤！"既说明了唐末五代书院教育产生和发展的社会背景和历史条件，同时也说明了书院教育的产生和发展对继承、传播中华民族的传统文化所起的独特作用。

创办于宋初的江西华林书院横匾

宋代书院的发展与勃兴

第三章

一、宋初的著名书院

书院的产生和发展与当时的社会、历史条件有密切的联系。

唐末五代数十年间，战乱不止，社会不宁，经济萧条，文教衰落，读书士子无由显身，多数人穷居草野，隐居读书讲学，于是私学暗兴，书院教育应运而生。

宋既统一海内，战乱渐平，民生安定，文风日起，读书士子纷纷要求读书就学，国家也需要大批治术人才。但是，在宋初，朝廷还来不及兴学设教，无暇顾及文教事业，也没有充足的财政实力发展教育事业，书院教育正是在这种条件下得到了进一步发展。

马端临在《文献通考·学校考》中说："是时未有州县之学，先有乡党之学。"就是说，宋初州县等地方官学尚未设立，包括书院在内的民间或私人创办的乡党之学率先得到发展。

袁燮在《四明教授厅续壁记》中也说："集一时俊秀相与讲学，

涵养作成之功，亦既深矣。而问其乡校，惟兖、颍二州有之，余无闻矣！"（《絜斋集》，商务印书馆，1935年《丛书集成》）说明宋初地方官学除兖州、颍州一带之外，大部分地区均未曾设立，学者大都集中在书院聚徒讲学，并且卓有成就。

朱熹在《衡州石鼓书院记》中说得更为明确："予惟前代庠序之教不修，士病无所于学，往往相与择胜地，立精舍，以为群居讲习之所，而为政者乃或就而褒表之。"（《朱文公文集》，商务印书馆《四部丛刊》本）朱熹是南宋人，他所说的"前代"包括了唐末五代和北宋初；"庠序之教"是指地方官学；"择胜地，立精舍"正是创建书院讲学。就是说，唐末五代至宋初，由于官学未兴，读书士子无处就学读书，大批学者自创书院讲学，满足了读书士子就学读书的愿望和要求，并且得到官府的褒奖和赞许。

吕祖谦在《鹿洞书院记》中也有类似的看法。他说："窃尝闻之诸公长者，国初斯民，新脱五季锋镝之厄，学者尚寡，海内向平，文风日起，儒生往往依山林，即闲旷以讲授，大率多至数十百人。"（《吕东莱文集》，商务印书馆《丛书集成》本）这里的"国初"正是指宋初。同时也说明，宋初刚刚摆脱了战乱之祸，学子就学读书之风日盛，但学校尚未及设立，于是学者在山林闲旷之地自建书院，聚徒讲学。

宋初书院的兴起，一方面满足了读书士子就学读书的急切需要和紧迫心情；另一方面也帮助统治者解决了一个现实的社会问题。因此，一批由民间或私人创建的书院便兴盛起来，官方因势利导，给予大力支持、资助和褒奖，进一步推动了书院教育的发展，形成了一批颇有影响力的书院。

宋初的著名书院有哪几所，历史上说法不一。综合各家之说，结合近年来的研究成果，分别介绍如下。

（一）白鹿洞书院

白鹿洞书院在江西星子县北庐山五老峰下。唐末五代时为学者自建的读书讲学之地。

"敕白鹿洞书院"刻石　宋代原刻
（选自李才栋著《江西古代书院研究》）

唐贞元年间（785—805）洛阳人李渤和他的哥哥李涉在庐山读书，曾驯养一只白鹿，日夜相随相伴。宝历年间（825—827）李渤任江州刺史，出资在庐山他读过书的地方，建筑台榭，名其地为白鹿洞。南唐昇元年间（937—943）就白鹿洞建学馆，置田产，供各方来学者读书之用。国子监九经教授李善道为洞主，掌教授。当时称庐山国学。

北宋太平兴国二年（977）周述奉命知江州。因见庐山国学各方来学者日多，奏请朝廷赐国子监印本"九经"，供士子肄习。皇帝下诏，同意周述的请求，驿送印本"九经"，赐给白鹿洞。此时，庐山国学改名为白鹿国庠，并派明起为洞主，学徒达数十百人。太平兴国五年（980）宋太宗委派明起为蔡州褒信县主簿。明起离去后，"白鹿洞由是渐废"。

北宋咸平五年（1002）曾经重加修缮，并塑孔子及十弟子像。大中祥符元年（1008）直史馆孙冕因患病，请求退休辞官，归白鹿洞养老，获得朝廷恩准。但未至而身亡。直到皇祐五年（1053）孙冕的儿子礼部郎中孙琛在白鹿洞建房十间，供子弟居住和读书，并接待各地来学的士子，供给膳食，遂定名为白鹿洞书堂。当时曾知南康军的郭祥正撰《白鹿洞书堂记》一篇，详细记述了当时的情景，"祥符初，直史馆孙冕以疾辞于朝，愿得白鹿洞以归老，诏从之。冕未返而卒。皇祐五年，其子礼部郎中琛即学之故址为屋，榜曰书堂，俾子弟居而学焉，四方之士来学者，亦给其食"。

白鹿洞书院从唐末私人自建的读书之处，发展为聚徒讲学之所，代表了古代书院教育早期的典型历程。私人创办，又得到朝廷恩准认可，赐给国子监印本"九经"，自建房屋，自置田产，自备图书，供四方之士食宿读书，也是古代书院教育早期的典型形式。所以，白鹿洞书院一直被视为中国古代书院的典型。

唐末五代至宋初，曾在白鹿洞隐居读书或任教讲学的学者先后有唐末的颜翊（yì）、五代时的李善道、朱弼、陈贶（kuàng），宋初的明起、刘涣、陈舜俞、陈瓘（guàn）等。据称，颜翊率弟子30

余人，授经于白鹿洞，达 30 年之久。李善道任洞主时，白鹿洞生徒百余人，皆为时望名流。朱弼任助教，学生质疑问难，其剖析周详，颇得众望。马令在《南唐书》中详细记载了朱弼在白鹿洞讲学的情景：

> 朱弼，字君佐，建安人。精究五传，旁贯数经。开宝年间，赴金陵应试，一举以关头中第，授国子助教，知庐山国学。生徒数百。当时庐山国学的生徒中，有卢绛、诸葛涛、蒯鳌等一伙无赖之徒，不守礼法，经常饮酒赌博，打架斗殴，横行霸道。学官多不敢管束，任其胡作非为。及朱弼任教，威严以待，谨持礼法，整顿风纪。每升堂讲释，生徒环立，各执难疑，问辩蜂起。朱弼应声解说，莫不造理。虽题非己出，而事实连缀，宛若早有准备，胸有成竹。于是诸生诚服，皆循规矩，教学秩序井然，风气改观。卢绛等无赖之徒见势稍稍引去，四方肄业者纷然而至。

这是有关白鹿洞书院，也是中国古代书院教育初期教学活动最早、最详尽的记录，显示了书院教学某些最基本的特征。如重视学生自学读书，师生质疑问难，解说论辩；纪律严明，礼法威重，风气井然。

唐末五代至宋初，曾在白鹿洞书院就学者达数百人，可考者如：

伍乔，庐州人，在庐山国学就读数年，苦节自励，于《易》探索精微，颇有成就。

江为，陈贶的弟子，在白鹿洞读书二十余年。

杨徽之，读书于白鹿洞，长于《诗》。

刘式于南唐时在白鹿洞读书，曾手抄《孟子》《管子》等书。据说这些书是当时白鹿洞教学中的日课。

刘元亨在白鹿洞读书时，博学贯经史，百余学生都像对老师那样尊敬他。

从这些资料中也可以窥见书院教学的某些特点，如教学内容比较灵活多样，学生各有专长，师生关系比较和谐、融洽。

（二）岳麓书院

岳麓书院在湖南善化县（今长沙市）西岳麓山抱黄洞下。

岳麓山也是唐代士人隐居读书的地方。马燧曾在岳麓山左坪舆衍建道林精舍。精舍建书堂，因藏有沈传师、裴休的笔札和宋之问、杜甫的篇章，故称"四绝堂"。因有藏书供人研读，故后人有称其为"道林书院"者。

岳麓山在唐代也是一处佛教活动的圣地。道林精舍旁即有一寺，也以道林为名。五代时，马殷曾加重建，僧众达三百余人。道林精舍竟为道林寺所并。宋人曾赋诗一首，深表叹惜：

> 此是前朝古书院，而今创作梵王家。
> 我来登眺不胜慨，独倚东风数落花。

　　儒、佛之间在唐末五代有斗争，也有融和之势，佛僧中也有人关心和仰慕儒家文化。南宋淳祐末年曾任岳麓书院副山长的欧阳守道，曾写过一篇文章《赠了敬序》（《巽斋文集》，商务印书馆《四部丛刊》本），述及其从古碑中发现两名僧人慕儒者之道，割地建屋，购书兴学的记载。

清山长欧阳正焕手书整齐严肃碑拓片（碑今嵌讲堂轩廊）

朱熹手书忠孝廉节碑拓片（碑今嵌讲堂）

（选自杨慎初等《岳麓书院史略》）

往年余长岳麓，山中碑十余。寻其差古者，其一李北海开元中为寺僧撰，其一记国初建书院志撰者名。碑言：书院乃寺也。有二僧，一名智璿，一名某。念唐末五季湖南偏僻，风化陵夷，习俗暴恶，思见儒者之道，乃割地建屋，以居士类。凡所营度，多出其手。时经籍缺少，又遣其徒市之京师，而负以归。士得屋以居，得书以读。其后版图入职方，而书院因袭增拓至今。

欧阳守道认为二僧慕儒者之道，建屋购书，供士子居住研读，奠定了岳麓书院的初步基础，二僧之功不应埋没。后世儒者多囿于儒、佛之争的偏见，耻谈书院前身为僧人所建，未免不符事实，有失公允。他指出：

予读此，甚善二僧之用心与予同。读者乃笑之，若谓此碑为不足存。嗟呼！白鹿洞诸书院，经近世诸大贤主张扶植，必推本其初，为何人所居，出何时之意，后虽有述，而始作之善不可没也。智璿若某二僧者，生于彼时，同时有位与力过二僧者何限！彼不为此举，而此为之，岂不可大嘉哉！独以其僧也，而今置之不道，其亦不得为公也已！（《巽斋文集》，商务印书馆《四部丛刊》本）

清乾隆皇帝手书"道南正脉"额
（选自杨慎初等《岳麓书院史略》）

岳麓书院在早期曾与佛寺有着密切的关系，恰好说明书院教育的产生和发展，曾借鉴和吸收了佛寺的某些经验。这一史料得以保存并得到公正的评说，具有十分重要的史料价值，引起书院研究者的高度重视。

宋初，开宝九年（976），彭城人刘鳌（áo）倡议在僧人原有书舍的基础上创建书院，由潭州知州朱洞和潭州通判孙逢吉率地方公众共成其事。建讲堂五间，斋舍52间，并建祭祀先师、先贤的祠宇，集聚一批图书，广招生徒，开展讲学，形成了藏书、祭祀、讲学功能齐全的书院教育组织。据陈傅良《潭州重修岳麓书院记》称：自此数十载，"教化大洽，学者皆振振雅训，行艺修好，庶几乎古"。（《止斋先生文集》，商务印书馆《四部丛刊》本）

其后，曾因热心书院教育的地方官员去职，其政"不嗣"，"弦歌绝音，俎豆无睹"，生徒逃逸，六籍散失，藏书、祭祀、讲学遂不能继，书院又陷于荒圮（pǐ）。

咸平元年（998）李允则知潭州，次年又着手修复岳麓书院，"敞门屋"，"揭书楼"，"辟水田"。咸平四年（1001）宋真宗赐国子监印本"九经"于岳麓书院，并修孔子庙堂。选派行义著称的周式任山长，生徒达60余人。又寻到朱洞、孙逢吉的"故书"，改善和充实了藏书条件，岳麓书院又得新生。据王禹偁（chēng）记称：岳麓书院修复后，"使里人有必葺（qì）之志，学者无将落之忧"，"谁谓潇湘，兹为洙泗；谁谓荆蛮，兹为邹鲁"（《小畜集》）。说明岳麓书院当时在弘扬和传播儒家文化，改善社会道德风尚方面发挥了巨大的作用。

大中祥符五年（1012），知州刘师道根据山长周式的请求，批准进一步扩充书院规模。

大中祥符八年（1015）宋真宗于便殿亲自召见山长周式，面授周式为国子监主簿之职。仍使其归掌岳麓书院，又因旧名"赐额"，"于是书院之称始闻天下"，登其堂受其教者，"相继不绝"，生徒达"数百人"。

岳麓书院讲堂（20世纪80年代修复完成）
（选自杨慎初等《岳麓书院史略》）

岳麓书院历经地方官员集公众之力多次修葺，又得到朝廷的支持，于是闻名天下，并发展成为湖湘一带的文化教育中心，被誉为"惟楚有材，于斯为盛"。湖湘之地历来人文荟萃，实得益于岳麓书院及由岳麓书院带动起来的湖南多所书院。

（三）应天府（睢阳）书院

应天府书院，在河南商丘市西北隅。原为名儒戚同文的旧居。

戚同文从师于名儒杨悫（què）。杨悫长期在将军赵直家馆任教。杨悫去世后，戚同文继其事。赵直为感谢杨、戚师生，特加礼待，为筑室聚徒，奠定了应天府书院的初步基础。或者说，应天府书院是由私人家馆发展而成的。

大中祥符二年（1009）应天府民曹诚出资 300 万钱，就戚同文旧学舍之地重建学舍，建屋 150 间，聚书 1500 册，广集生徒，讲学其中，声名弥盛。应天府将其事迹上奏朝廷。宋真宗诏令"以曹诚为府学教授"，"令同文孙舜宾主书院之事"，并赐应天府书院额。太常博士王渎掌其教，职方员外郎张吉甫领其纲。应天府书院正式得名。人称戚同文为睢阳先生，故应天府书院又被称为睢阳书院。

大中祥符七年（1014）应天府改为南京，应天府书院也改称南京学舍，或南京书院。

宋仁宗天圣三年（1025）应天府知府、枢密直学士李及奏称，"本府书院，甚有学徒，自建都以来，文物尤盛"，"欲望于发解进士名额之外，呈请增解额三人"。这是书院单独申请参加科举考试报名资格的最早记录。

应天府书院

天圣五年（1027）南京应天府留守晏殊聘范仲淹掌教书院。明道二年（1033）朝廷为应天府书院置讲授官一员。此职似为朝廷命官，应天府书院逐渐演变成官学。景祐二年（1035）南京留守夏竦（sǒng）重修南京夫子庙，奏请改应天府书院为应天府学，拨官田 40 顷，以供束脩、膏火、修缮、祭祀之用。应天府书院正式变成了官学。

应天府书院由私人家馆发展成私人讲学的书院，又逐步演变成为官学，这也是宋初书院发展的一种颇有代表性的形态。

（四）嵩阳书院

嵩阳书院在河南省登封市嵩山南麓太室山下，原为道教太一宫旧址。五代后周时建书院，称太乙书院。

宋太宗至道二年（996）七月，赐"太室书院"额，并赐国子监印本"九经"藏于其中。大中祥符年间（1008—1016）再次赐书院"九经"及子、史等书。景祐二年敕西京重修，赐匾额改称"嵩阳书院"，王曾奏置院长，给田一顷供膳食。

金大定年间（1161—1189）书院废弛，更名为承天宫，仍为道教宫观。至明嘉靖年间（1522—1566）再次重修，又更名为嵩阳书院。

嵩阳书院一直受到北宋朝廷的重视，两次赐书颁额，置院长，拨学田。据称嵩阳书院学田最多时达 1750 余亩。

嵩阳书院门首

嵩阳书院与道家道教有微妙的关系。原为道教太一宫旧址，附近有道教崇福宫相邻。金时又曾改为承天宫，仍为道教所有。从唐末五代直到宋初，佛教寺庙、道教宫观都曾成为儒学士子寄居读书、聚徒讲学之地。其间不少儒学士子与佛道僧众交往密切，不仅为书院的产生和发展创造了条件，而且为理学的萌芽和奠基提供了机遇。嵩阳书院在理学奠基时期有着重要的影响和地位，不是偶然的。

嵩阳书院与理学的发展有密切关系。程颢、程颐兄弟二人曾居住在开封、洛阳、鸣皋镇，多次在嵩阳书院讲学。治平三年（1066）程颐在国子监任职，曾到嵩阳书院讲学，他用理学的观点讲授《论语》《孟子》《大学》《中庸》等书，并以"四书"作为门生最基本的教材，他认为这四种书是探究孔子本意的最直接的资料。最后由朱熹编辑的《四书集注》，成为程朱理学的代表作。元祐七年（1092）程颐授通直郎分管崇福宫。崇福宫与嵩阳书院相邻，程颐再次到嵩阳书院讲授《周易传》，听者甚众。二程兄弟是理学四大流派濂、洛、关、闽中洛学的代表，嵩阳书院也一直被视为洛学产生和传播的基地。为纪念二程兄弟在书院讲学，嵩阳书院特建二程祠。清人汤斌在《嵩阳书院记》中称："二程曾讲学于此，后人因建祠焉。"

嵩阳书院地处中原大地，开封、洛阳曾是中国政治、文化中心，在南北文化交流与传播方面，嵩阳书院也有重要作用和地位。

（五）石鼓书院

石鼓书院在湖南省衡阳北二里石鼓山回雁峰下。

据史料记载，石鼓书院在石鼓山，旧为寻真观，为道教宫观。唐刺史齐映曾建合江亭于山之右麓。元和年间（806—820），士人李宽结庐读书其上。刺史吕温曾前往造访，有《同恭夏日题寻真观李宽中秀才书院》流传于世，收入《全唐诗》中。

又据记载，李宽，即李宽中，唐代处士。元和年间，吕温被贬谪衡州刺史，以文学整顿吏治，性好游宴觞咏，风雅称盛。州城之外有石鼓山。自贞观初年，刺史宇文炫开东岩面溪，为眺望游览名地。李宽为山主，乃改道院为学舍。其后因之立学，祠先圣，乃招诸生，弦诵其中。

元黄清老撰《石鼓学田记》一篇，文称：

石鼓山，衡之附庸也。奇峰耸拔，中高而外秀。烝湘二水左右环之，既合，荡荡浩浩归于洞庭。书院当二流之交，回澜渟渊，远嶂森列，楼阁如在虚空中，盖湖南第一圣地也。唐元和间，州人李宽中结庐读书其上。（光绪《湖南通志》）

石鼓书院正式创建于宋初。宋太宗至道三年（997）李士真向郡守申请，在李宽中读书处创建书院。由唐时的李宽中秀才书院或李宽中书院正式定名为石鼓书院。

景祐二年宋仁宗应集贤校理刘沆之请，赐书院额匾及学田。

诗人范成大于乾道九年（1173）曾游石鼓山，作《衡山记》，将石鼓书院列为宋初四书院之一。记称："始诸郡未命教时，天下有书院四：徂徕、金山、岳麓、石鼓。"（乾隆《衡州府志》）这是最早的有关宋初有四大书院的说法。

朱熹所作《衡州石鼓书院记》（局部）

朱熹也写过一篇《衡州石鼓书院记》，称："石鼓据烝湘之会，江流环带，最为一郡佳处，故有书院，起唐元和间，州人李宽之所为。"（《朱文公文集》）

马端临在《文献通考·学校考》中也将石鼓书院与白鹿洞书院、应天府书院和岳麓书院并称为"宋兴之初，天下四书院"。

近人陈登原先生在《国史旧闻》中称石鼓书院"创始最早，声名最广"，显然他是指石鼓书院及其前身李宽中秀才书院而言的。

石鼓书院也与道家道教有着密切关系。李宽中秀才书院原为寻真观，后改道院为学舍，继而立学，招诸生弦诵其中。唐代吕温的题诗竟直称"寻真观李宽中秀才书院"。书院是由寻真观改建而成，或者书院就设在道观之中，为寻真观的一部分。可以想见，在唐宋之际，许多名山胜地，佛道寺观与儒学书院争相创建，香火缭绕与诗书讲诵交互争宠，形成特有的一大文化奇观，颇能发人深思！

（六）茅山书院

茅山书院在浙江江宁府（今金坛县）三茅山后，也称金山书院。宋仁宗时处士侯遗所建，教授生徒，并供饮食，达十年有余。

宋天圣二年（1024）王随知江宁府奏请于三茅斋粮庄田内拨田三顷，供书院赡用。王随死后，书院逐渐废弛，居空徒散，其地为道教崇禧观所占用。

茅山书院在宋初很有影响。范成大在《衡山记》中将茅山（金山）书院与徂徕、石鼓、岳麓书院并列为天下四书院。

南宋端平年间（1234—1236）漫塘刘宰别创于三角山，不久又废。

淳祐年间（1241—1252）知县孙子秀访茅山，因故址重建茅山书院，以待远方游学之士。

开庆元年（1259）书院为豪门所夺。

咸淳七年（1271）迁至江宁府南顾龙山麓。

（七）"宋初三先生"胡瑗、孙复、石介和安定、泰山、徂徕书院

袁燮在《四明教授厅续壁记》中在列举了真宗、仁宗之际的白鹿洞、岳麓、嵩阳、茅山四书院之后称："其卓然为师表者，若南都之戚氏（同文）、泰山之孙氏（复）、海陵之胡氏（瑗）、徂徕之石氏（介），集一时俊秀，相与讲学，涵养作成之功亦既深矣。"

戚同文与睢阳书院前已述及。胡瑗、孙复、石介被称为"宋初三先生"。黄震在《宋元学案·泰山学案》按语中赞称："宋兴八十年，安定胡先生、泰山孙先生、徂徕石先生始以师道明正学，继而濂、洛兴矣。故本朝理学虽至伊、洛而精，实自三先生而始。"

胡瑗（993—1059），字翼之，泰州海陵（今江苏如皋）人。因曾世居安定（今陕西安定），人称安定先生。胡瑗幼年家境清贫，学习却刻苦努力，"七岁善属文，十三通五经……家贫无以自给，往泰山，与孙明复、石守道同学，攻苦食淡，终夜不寝，一坐十年不归。得家书，见上有'平安'二字，即投之洞中，不复展，恐扰心也。"（《宋元学案·安定学案》）后从事私人讲学，"以经术讲授吴中"。先后受聘任苏州州学、湖州州学教授，创"苏湖教法"，首创分斋教学制度，倡通今博古、明体达用，以敦实学。胡瑗逝世后，在他"过化"之地，多有以安定命名的书院。其中最著名的是他的弟子孙觉于熙宁五年（1072）在湖州创办的安定书院。

孙复（992—1057），字明复，晋州平阳（今山西临汾）人。曾入范仲淹之门，任睢阳书院学职。后居泰山，与胡瑗、石介一起苦读讲学。石介并率弟子就学于孙复门下。孙复筑室于泰山之阳，聚书讲读。孙复自称："予丁丑秋九月作堂于泰山之阳，明年春，堂既成，以是道处是堂，故命之曰信道堂。"不久信道堂并入岱庙，于是学舍北迁，重整院落，修葺房舍，扩建厅堂，规模空前。石介称此堂为泰山书院，并撰《泰山书院记》称：泰山先生"乃于泰山之阳起学舍斋堂，聚先圣之书满屋，与群弟子而居之"（《宋元学案·泰山学案》附石介《泰山书院记》）。

石介（1005—1045），字守道，兖州奉符（今山东泰安）人。幼年笃志好学，清苦自甘，自强不息，名闻乡里。天圣八年（1030）登进士第，与欧阳修、蔡襄等同科，先后任职郓州、商丘等地，因父丧归里居徂徕山下，以《易》授徒于家中。曾请孙复来山东讲学，率诸弟子共师事之。徂徕山下石介读书讲学之处，称徂徕书院。范成大将徂徕书院列为宋初四大书院之一。近人陈登原称宋初有八大书院，泰山书院、徂徕书院均在其中。

（八）宋初三所家族式书院：东佳、华林、雷塘

杨亿在《雷塘书院记》中称浔阳陈氏东佳书堂、豫章胡氏华林书堂和南康洪氏雷塘书堂为鼎峙江南东西两路的三大书院。

东佳书堂也称陈氏书堂、义门书院，为江州陈氏家族所建。陈氏于唐僖宗时曾因数世义居得到旌表，南唐昇元间立为义门，宋初又受到褒赐。《陈氏家法三十三条》保留有关书堂、书屋的最早记载。家法规定："立书堂一所于东佳庄。弟侄子孙有赋性聪明者令修学，稽有学成应举者。除现置书籍外，须令添置。于书生中立一人掌书籍，出入须令照管，不得遗失。宾客寄止延待于彼，一一出东佳庄供应、周旋。"《湘山野录》载："吴故国五世同居者十家，尤著者江州陈氏。……建家塾，聚书，延四方学者，伏腊皆资焉。江南名士，皆肄业于其家。"表明家族设书堂，购置图书，设专人管理，并且对四方学子、诸宾客提供住宿膳食，无论夏冬，都由书堂负责，江南名士，多有来学者。南唐徐锴撰《陈氏书堂记》称：陈氏"以为族既庶矣，

居既睦矣，当礼乐以固之，诗书以文之。遂于居之左二十里曰东佳，因胜据奇，是卜是筑，为书楼，堂庑数十间，聚书数千卷，田二十顷，以为游学之资，子弟之秀者，弱冠以上皆就学焉。"明代文德翼《求是堂集》载：江州陈氏经过世代积聚，至宋初，藏书、帖"号天下第一"。

华林书堂也称华林书斋、华林书院，在江西省奉新县西南郊华林山，是奉新同安乡胡氏创办的一所家族式书院。据《文苑英华》的编者徐铉在《华林胡氏书院记》记载："乃即华林之阳，独开元秀之墅，祖孙一德，洙泗同风"，"乃即别墅，华林山阳，玄秀峰下，建书堂焉，筑室百间，聚书五千卷，子弟及远方之士，肄学者常百数十人，岁时讨论，讲席无绝。"胡氏累世家族聚居，数代讲经史、诵诗书、习礼仪，创办书院以博取"孝弟声华辉北阙，门闾显赫耀南方"的家风。华林书堂在宋初颇有影响，培养了不少人才，中进士者，胡氏一族就有 13 人，有的官至刺史、尚书、宰相。宋真宗曾写诗加以称赞："一门三刺史，四代五尚书。他族未闻有，朕今止见胡。"（同治《奉新县志·甘竹胡氏十修家谱》）

雷塘书院也称雷湖书院、雷湖书堂，在江西省安义县，是洪文抚创建的洪氏家族式书院。洪氏是南康大族，极重教育。《宋史·孝义传》称：洪文抚六世义居，"就所居雷湖北创书舍，招徕学者"。在当时颇有影响，宋太宗至道三年军守奏知朝廷，太宗"遣内侍裴愈赍御书百轴赐其家"，文抚遣弟文举携带土特贡物赴朝谢恩，"太宗飞白一轴曰'义居人'以赐之，命文举为江州助教"，"自此每岁遣子弟入贡，必厚赐之"，"又命有司修书堂以淑子弟"。洪氏创书舍，徕学者，得到朝廷的褒奖和资助。杨亿在《南康军义居洪氏雷塘书院记》中将雷塘书院与东佳书堂、华林书院并称为鼎峙江南的三大书院。雷塘书院延续时间较长，不仅本族子弟之秀者"咸肄业于兹"，且四方来学者也不远千里，"贯鱼而进"。直到南宋时，朱熹知南康军，还曾公开察访，在《知南康榜文又牒》中称："按图经，建昌县义门洪氏，本以累世义居，婺（wù）妇守节，尝蒙太宗皇帝赐以宸翰，宠以官资，旌表门闾，蠲（juān）除徭役。未委其家自今有无子孙依旧义居？所藏御书见（现）作如何崇奉，所表门闾曾与不曾修葺？"

事实上，宋初的书院还不限于上述数所，只是根据过去人们大体公认，近代学人新的研究所得，选择了较有代表性的书院略作介绍，以期展示宋初书院发展的盛况和基本特点。

宋初书院大多是由私人隐居读书讲学发展起来的，也有一部分由世家大族的家塾发展而成的。宋初书院发展的直接动因是"补官学之不足"，因此多得到朝廷和官府的支持、褒奖与资助，在宋初教育发展上发挥了十分重要的作用。

宋初的书院一般说来规模都不大，组织机构也很简单，尚无完善的制度和规程，活动内容也比较单一，稳定性也较差。但在教育发展史上却表现了极强的生命力。

二、北宋的三次兴学及其对书院发展的影响

宋初的统治者经过 50 余年的努力，政权基本得以巩固，社会比

较稳定，经济得到初步恢复和发展，为文教事业的发展准备了一定的条件，也对文教建设提出了新的要求，已经有可能也有必要对文教建设的方针做出某种调整。

北宋文教建设方针的调整对书院的发展产生了重要影响。

（一）北宋文教建设方针的调整

宋初统治者为了"长治久安"采取了一系列措施，"兴文教，抑武事"被确定为基本国策。

为了贯彻"兴文教，抑武事"的基本国策，在文教建设上重点实施两项方针和措施：一是强化科举考试制度，二是鼓励和支持民间或私人办学。

强化科举考试制度，提倡"学而优则仕"，"万般皆下品，唯有读书高"的思想，既为朝廷吸收社会人士、扩大统治基础创造了更为有利的条件，又为贫寒的社会下层文人提供了"朝为田舍郎，暮登天子堂"的机会。宋真宗有一首《劝学诗》很有代表性，诗称：

富家不用买良田，书中自有千钟粟。

安房不用架高堂，书中自有黄金屋。

出门莫恨无人随，书中车马多如簇。

娶妻莫恨无良媒，书中自有颜如玉。

男儿欲遂平生志，六经勤向窗前读。

宋初不断扩大科举登第名额。唐代科举每举不过十余人，最多不过二三十人。宋初开宝三年（970）原只取进士八名。宋太祖赵匡胤见未及第者众多，决定将诸科十五举以上终场者106人，"并赐出身"，使登第名额猛增十余倍。开宝六年（973）李昉知贡举，取宋淮等11人。太祖嫌取额太少，极不高兴，遂亲自在讲武殿复试落第举人，取诸科96人，皆赐及第，为宋代皇帝亲自殿试开一先例。太平兴国二年（977）宋太宗赵光义亲御讲武殿复试，取进士190人，诸科107人，十五举以上终场者184人赐及第，总额为500人，为科举考试以来所未有。咸平三年（1000）宋真宗赵恒亲试，共取各科登第者1800人。宋太宗赵光义当了22年皇帝，共取4500余人。宋仁宗赵祯共有13次举贡，登第者达14 000余人，每举都在千人以上。

宋初科举不仅及第者人数大增，而且及第后的待遇也很优厚。宋初取消了唐代科举登第者须再试吏部方可授官的制度。改为礼部科举考试，及第后直接授官，进士登第者不数年往往赫然显贵，名利双收，极富吸引力。读书人趋之若鹜，埋头苦读，一心追求"功名"，皓首穷经，以求登第。

宋初强化科举调动了读书士人的积极性，促进了读书风气的兴盛，也确实解决了大部分用人之急需。然而取额过多过滥，读书士子为逐功名，埋头读经，不务实学，且作弊流行，毒化了社会风气，难得有用之才。就连宋初的最高统治者也不得不承认科举弊端丛生。景德二年（1005）宋真宗曾下诏书，指出："贡举之门，因循为弊，躁竞斯甚，缪滥益彰。……仍委礼部贡院，自今科场，务精考试，无容滥进，用革浇风。"（《宋史·真宗纪》）天圣二年（1024）宋仁宗又下诏书，指出："学犹殖也，不殖将落。逊志务时敏，厥修乃来。朕虑天下之士或有遗也，既已临轩较得失，而忧其屡不中科，则衰迈而无所成，退不能返其里闾，而进不得预于禄仕，故常数之外，特为之甄采。而狃（niǔ）于宽恩，遂坠素业，颓弛苟简，浸以成风，甚可耻也，自今宜笃进厥学，无习侥幸焉。"（《宋史·仁宗纪》）就是说，朝廷本来担心科举名额过少，屡不中举，无以显身，所以扩大名额，为这些人增加进身的机会，结果却助长了苟且侥幸的恶习。

朝廷尽管三令五申，社会风气终难扭转，科举之弊愈演愈烈。统治者的主观意图与客观效果背道而驰，不得不设法寻求摆脱困境的出路，对文教建设的方针和工作重点重新审视，理顺培养人才与选用人才的关系。有识之士更感忧虑，强烈要求调整文教建设的方针和工作重点，探讨发展文教事业新措施成为朝野内外普遍关心的问题。

宋初统治者积极鼓励和支持民间或私人办学，使书院得到良好的发展机会和条件。但民间或私人办学毕竟力量有限。尽管创办了一批书院，但限于种种条件，数量难以增加，规模也难以扩大。全国书院最多不过二三十所，每所书院生徒最多不过百余人。实难满足读书求学的要求，也难满足朝廷的人才需求，造成了人才需要、读书要求与人才培养场所和条件不足的尖锐矛盾。而且民间或私人办学的教学内容、培养目标、教学的方法随意性很大，难于统一，也不利于人才培养。

实践证明，宋初统治者强化科举考试制度，鼓励和支持民间或私人办学的方针陷入了新的困境，必须做出必要的调整。有识之士普遍认为走出困境的唯一途径就是加强官府办学，将朝廷文教建设转移到重点兴办官学的轨道上。而且认为文教建设方针的调整、工作重心的转移不仅有了必要，并且也有可能。兴学运动已成为大势所趋。

（二）北宋的三次兴学

北宋文教建设方针的调整，集中体现在改革和兴建各级官学。所以三次相继发动的兴学运动，实际是兴办官学的运动。

北宋第一次兴学，是宋仁宗庆历四年（1044）由参知政事范仲淹主持的。

范仲淹

对于当时科举考试，朝廷或官府只管设立科目，以考试选人，而不在选考之先培养教育人，范仲淹早有不同意见，曾多次上书陈述，对重科举不兴学校提出批评意见。

范仲淹在《上执政书》中明确提出固邦本、厚民力、重名器、备狄戎、杜奸雄、明国听等六大施政纲领。其中"重名器"的办法就是慎选举、敦教育。他尖锐批评不教育而只举人的科举制度，就好比农民"不务耕而求实"。他认为择而不教，久则乏人，贤才必难以继出。所以朝廷和官府应把兴教育人放在第一位，然后才可望选拔有用之贤才。无奈那时他位卑言微，他的合理建议未被重视。当朝执权者都是既得利益者，极力反对他的主张，因此他的意见无法得以实施。

庆历三年（1043）八月范仲淹任参知政事，他近20年的夙愿才得到实现的机会。他任职后的第一个建议就是《上十事札》，十件事中的第三件就是"请精科举"，接着就建议兴学校。

范仲淹的建议，得到宋仁宗的支持，于庆历四年三月下诏各州县设立学校，并由本道使者选属部官为教授，遇有不足再聘请乡里宿儒有道业者充任。

庆历兴学的重点在于使应科举者先受相当的官学教育。规定所有参加科举考试者，必须在官学读书三百日，曾经应试的士子也必须在官学读书百日。不入官学者不得应举。

兴学运动取得明显成效，朝廷和官府重视兴办官学，读书士子增强了入官学读书的积极性，官学得到发展。据记载，兴学不久，国子监生员由70人增至300人，讲官博士也增十余人。各讲官分经教授，中央官学得以扩充和改进。为了满足生员不断增多的需要，又扩充国子监房舍，还把锡庆院拨给国子监作讲殿。地方官学也得到迅速发展。著名学者和教育家胡瑗正是在庆历兴学运动时期先后任教苏州州学和湖州州学达20余年，并创立了闻名于世的"苏湖教法"。仁宗皇祐（1049—1054）末，更召胡瑗入京为国子监直讲，将地方官学的先进教学经验引入中央官学，"苏湖教法"运用于国子监教学。胡瑗主持国子监后，四方学子不远千里，云集受业。

然而不久，由于统治集团内部斗争激化，范仲淹在斗争中失败，并以朋党之嫌被斥离职，更由于兴办官学，经费大量增加，而朝廷财政支绌，难于维持兴学费用。于是，原来反对兴学、反对改革科举的舆论又如沉渣泛起，"言初令不便者甚众"。宋仁宗迫于这种压力，遂下诏说："科举旧条，皆先朝所定也，宜一切如故。前所更定，今悉罢。"入学日限被取消，锡庆院也重新收回。地方官学虽未明令取消，但有些地方官吏只为贪图崇儒之名，敷衍应付，地方官学多流于虚设。更有些地方官吏借兴学科敛民财，败坏了官学声誉。读书士子入官学求升迁的愿望难以实现，竟有人把入官学视作混饭吃的场所。

第一次兴学运动就这样宣告失败了。

北宋第二次兴学，是在熙宁（1068—1077）和元丰（1078—1085）年间，王安石执政时发起的。

王安石亲眼看到北宋王朝的内忧外患、国力衰竭、人才不济，遂产生了教育兴邦、人才救国的思想，立志改革科举，兴办官学，培养有用人才。他在嘉祐三年（1058）范仲淹兴学失败的前夕，写了长达万言的《上仁宗皇帝言事书》。

王安石认为，天下之乱在于不知法度，而欲求革新，又苦于人才不足，而欲得人才必须使陶冶得其道。他详细论证了教之、养之、取之、任之的一整套办法。他提出：教之之道，在于择材而教，教以实用之学，反对单纯讲说章句和课试文章；养之之道，在于"饶之以财，约之以礼，裁之以法"；取之之道，在于改革科举，反对以诗赋、文辞取士，而代之以考试经义；任之之道，在于反对只问身世、不论其德，只讲资格、不察其才的做法，主张人尽其才，才尽其用。关键是改科举，兴学校。

王安石

熙宁二年（1069）王安石任参知政事，即着手实现他的主张，变风俗，立法度，改科举，兴学校。

熙宁四年（1071）创立太学"三舍法"，将太学生增至1000人。"三舍法"即把太学分为内舍、外舍和上舍。外舍生700人，每年年终考试，成绩优良的升入内舍；内舍生200人，每两年升级一次，入上舍就读；上舍生 100 人，学行成绩优良者可直接授官。实际上是用太学升舍的办法代替了科举考试，将育人的学校与选人的科举归于一途。太学的规模也加以扩大，在锡庆院和朝集院西庑建讲书堂四所，增设太学直讲十人，每二人共讲一经。

熙宁兴学，除改革太学之外，还设立武学，讲习诸家兵法；律学，讲授法律律令；医学，讲授医药病理。总之，是为了更多地培养应用型的人才。

熙宁八年（1075）规定各级各类官学必须以他亲手修订的《三经新义》为必读教材。

元丰元年（1078）通令各州、路、府设学官 53 员，加强兴办地方官学的专职机构和人员。将兴学运动推及全国各州、路、府。

元丰二年（1079）正式颁布"太学学令"共 140 余条，太学生增至 2400 余人，学舍 80 斋，每斋容纳生徒 30 人。兴学经费也有所增加，"岁赐缗钱至二万五千，又取郡县田租、屋课、息钱之类，增为学费"。

这些措施，都是为了发展官学。而熙宁、元丰年间的太学、各类专门学和地方各级官学也确实得到很大程度的改善和发展。特别是大胆实施太学"三舍法"，将学校教育与科举考试并轨，这一大胆的尝试，其成功与失败之处都值得总结。

随着王安石变法的失败，他的教育改革也失败了。自元祐（1086—1094）至元符（1098—1100）末，旧制一一恢复，第二次兴学运动又告破产。

北宋第三次兴学是在崇宁元年（1102）蔡京执政时发起的。

崇宁元年八月，蔡京下令全国兴学，十月建辟雍，可容纳生员3000人。崇宁三年（1104）续增州县生员名额，规定大县50名，中县40名，小县30名。有的县竟多达1000余人。地方官员兴学有功者受奖。如建州蒲城县县学生员达千人，县丞徐秉哲因此受奖，特升一级。办学不力者即受罚，因此便多处发生强行向民众摊派入学名额，称作"聚学粮"的事件。陆游在《老学庵笔记》卷二中记载："崇宁间初兴学校，州郡建学，聚学粮，日不暇给。士人入辟雍，皆给券，一日不可缓，缓则谓之害学政，议罚不少贷。"

崇宁兴学，在中央官学基本上仍沿袭王安石的太学"三舍法"，进一步扩大中央官学的规模，增加生员数额。崇宁兴学的重点在发展地方官学。府、州、县学普遍设立，并且形成比较稳定的体制和规模。但由于地方官员办理不认真、不得力，更由于经费有限，许多地方官员以兴学为名，科敛民财，强行摊派学额，索取粮钱，遭到强烈反对，最终地方兴学也多流于形式。

北宋庆历年间至宋朝南迁，即从1043年至1126年，80余年间，先后掀起三次大规模的兴学运动，从朝廷到府、路、州、县各级官府致力于振兴官学，文教建设的方针和工作重心转向兴办官学。从中央官学到地方官学都得到一定程度的发展。但兴办教育的全部经费都由朝廷和地方官府负担，实难得到保证。因此，除了统治集团内部斗争之外，经济上力不从心也是造成兴学不力、归于失败的原因。

三次兴学运动着眼于解决培养人才与选拔人才的矛盾，解决科举与学校的关系，然而却忽视了官方办学与民间或私人办学的关系。这也是北宋兴学的一个值得重视的教训。

（三）三次兴学对书院发展的影响

北宋三次兴学，从中央到地方各级官府均致力于发展官学，对民间或私人办学很少顾及，民间或私人创办的书院，朝廷和地方官府也很少过问。结果，宋初一度兴旺的书院在兴学运动中反而日渐沉寂了。

宋初朝廷为了表示对书院的支持和鼓励，不断有赐书、赐额、赠田、赠屋的举动。宋初的著名书院，如白鹿洞书院、岳麓书院、嵩阳书院、应天府书院、石鼓书院、茅山书院等，差不多都先后得此殊荣，这些书院也因此名闻天下，扩大了社会影响。朝廷的这些举措也激发了更多的人热心于创建书院。但自庆历兴学以后，直到宋朝南迁，80余年间，几乎未见一代皇帝对任何一所书院赐书、赐额、赠田、赠屋之举。虽然从未采取过任何限制或约束书院发展的措施，实际上不闻不问，等于冷落了民间或私人办学，冷落了书院，客观上影响了书院的发展，削弱了书院的社会影响。

三次兴学为了保证官学的发展，分别采取了一系列有利于官学发展的措施，如：第一次兴学规定应科举者须在官学读书三百日；第二次兴学实施太学三舍法，以官学的考试升舍取代科举应试；第三次兴学对地方官兴学有功者奖，兴学不力者罚。这些措施不仅把各级官府的注意力引向了兴办官学，更重要的是将读书士子拉进官学读书。只有热心官学者才能受奖，热心私学或书院者不仅难得奖赏，反而会有兴办官学不力的嫌疑。各级官府自然也就无心关心私学或书院了。读书士子只有入官学读书才可能获得应举资格，获得晋升的机会，自然也就不愿再空守山林入书院求学自修了。这也是造成书院长期沉寂的原因所在。

在三次兴学运动中，一批名宿硕儒先后被中央或地方官学聘任，主持或掌教于各级官学，如胡瑗、周敦颐、程颢、程颐、李觏（gòu）、张载等，都先后在中央官学或地方官学任职从教，这也扩大了官学的影响，提高了官学的声誉，吸引了更多的读书士子入官学读书受教。

三次兴学的来历和意图在于振兴官学，纠正或弥补科举考试的弊病和不足，并非有意抑制书院的发展。但朝廷重在兴办官学，减少了对书院的关注。而官学在一定程度上的发展缓解了读书士子"无所向学"的矛盾，书院处于自生自灭、少有人过问的境地，从而导致了北宋书院长期沉寂。王祎（huī）在《游鹿洞记》一文中竟说："书院至崇宁末乃尽废。"这是王祎面对北宋书院沉寂所发出的感叹。三次兴学未必造成书院尽废，有些书院废毁也不一定全与兴学有关，但在长达80余年的三次兴学运动期间，书院确确实实是沉寂了。

兴学运动与书院的沉寂是北宋教育发展史上的极富思考价值的教育问题。它提醒人们，特别是主持教育决策和指导责任的官府，怎样处理好官学与私学的关系，特别是在文教建设方针和工作重点转移时，如何避免顾此失彼，是很值得后人思考的。

兴学运动客观上造成书院沉寂，但沉寂不能说"尽废"。同样，北宋书院并未"尽废"，也不能说北宋兴学期间和兴学以后的书院比宋初还要发达、兴旺。

北宋书院从数量上看，从庆历兴学至北宋末的书院和宋初相比还是有所增加，部分地区增加的数字还不算少，例如：江西共有书院40余所，建于庆历兴学以后的约占3/5；浙江共有书院30余所，建于庆历兴学以后的约占80%；湖南共有书院10余所，建于庆历以后的约占60%。但宋初只有40余年，庆历以后的北宋有120余年，相当于宋初的3倍，而且宋初战乱仍未平息，社会经济生活遭受长期破坏，在百废待兴、百业待举的局面下，书院发展到近40余所，确属兴盛之势。庆历兴学后的百余年，社会相对稳定，经济有所发展，书院发展有了更好的思想、文化条件和物质基础，却只建书院不足百所。关键在于朝廷的政策导向，重视了官学而忽视了书院，书院与官学相比，北宋中后期的书院与宋初相比，明显地呈现出沉寂之状。

考察书院发展的态势，不仅看其数量多寡，主要看其在社会上的地位和影响。庆历兴学前书院和其他形式的民间或私人办学影响极大，几乎成为当时教育的主导形式，对教育发展起着支配作用。而庆历兴学后，各级官学明显成为教育的主体，书院的地位和影响大为下降了。所谓书院沉寂正是指其地位和影响不像宋初那样显赫了。

北宋兴学期间和兴学运动之后也建有一些书院，但无太多特色，无太大的影响，都不如宋初的书院那样闻名于世。宋初闻名于世的著名书院在兴学运动之后也再未显示其辉煌业绩，有的甚至多次遭废弃之祸。这也反映了人们对书院的关注程度大为降低了。

三、南宋书院的勃兴及其原因

在中国书院教育发展史上，南宋时期书院发展达到了一个鼎盛时期。南宋时期的书院数量大增，规模扩大，制度完备，内容充实，特色鲜明，影响显著。

南宋书院的勃兴有着深刻的社会政治、经济和文化背景。

书院的产生和发展同理学的产生和发展有着密切的关系。北宋是理学的奠基时期，北宋的书院也处于开创阶段；南宋时期是理学的成熟时期，南宋的书院也进入了相当完备的阶段。南宋理学的主要流派差不多都与书院的发展密切相关。理学的学术文化思想成为南宋书院教育的基本内容，书院教育成为理学研究和传播的主要基地。

南宋理学流派繁多，学派林立。影响最大的莫过于朱熹、陆九渊、吕祖谦和张栻等。

理学的产生和发展是儒、佛、道长期斗争、融合的产物，书院教育也广泛改造和吸收了佛、道讲学的内容和形式。这在南宋书院教育中也表现得极为明显。

南宋书院教育的勃兴并不是一开始就形成的，而是经过了一个相当长的酝酿过程，直到南宋理宗朝（1225—1264）才达到高潮。

宋钦宗靖康元年（1126）金兵渡过黄河，攻陷宋都城汴京（开封），掳走徽宗、钦宗、后妃、公主、宗室、大臣等3000余人，以及各种财物（文物、图书、档案、天文仪器等）和众多的技艺工匠。统治了160年的北宋政权，被迫南迁。

宋徽宗的第九子赵构于1127年即位于南京（今河南商丘），改靖康二年为建炎元年，是为南宋高宗。不久，在金兵的进逼下，又由南京逃至扬州。建炎三年（1129）再由扬州逃至镇江，然后经苏州，逃至杭州。接着至明州（今浙江宁波），到昌国（今浙江象山）下海，才躲过金兵的追击，最后避难于杭州。绍兴八年（1138）正式建都于此（时称临安）。前后经历了12年之久的逃亡生活，自然顾不上什么百年大计的兴学设教了。当时，叶琳曾上书请立太学，朝廷以"军食未暇，国家削弱"为由，只得"故从缓议"。朝廷无暇无力顾及文教事业，恰好为书院的发展提供了一个契机。

直到绍兴十二年（1142）才将临安府学增修为太学，定太学弟子以300人为额。第二年又增建国子学，增收太学生。州县学也相继恢复和重建。但是南宋的太学和州县学多有名无实。官学教育不能满足国家"建国君民""化民成俗"的需要，读书士子也深感在官学难以学到"德行道艺之实"。有志之士在激烈抨击官学教育弊端的同时，积极从事私人讲学活动。读书士子也对官学失去了兴趣，多自寻名师，求学问道。曾于北宋初兴盛一时的书院，自然又吸引了更多人的注意。

南宋朝廷也感到官学教育极不景气，然而苦于回天乏术，只好转而支持民间或私人创办书院，以补官学之不足，以救官学教育之弊。

南宋书院的勃兴发轫于朱熹于淳熙六年（1179）复兴白鹿洞书院，又于绍熙五年（1194）复兴岳麓书院。自北宋初就名闻天下的两大著名书院的相继复兴，对南宋书院的发展起了直接的推动作用。之后，各地争相效法，纷纷建立书院，延聘名师硕儒，聚徒讲学。二十几年后竟蔚然成风，书院得到迅速发展，呈鼎盛之势。

南宋书院发展最快的时期是南宋理宗时代。据统计：宋代共有书院近700所，建于北宋的约140所，占总数的20%左右，而建于南宋的有 500 余所，占总数的 80% 左右。在建于南宋的书院中理宗一朝占 50% 以上，近 300 所。

南宋书院大部分集中分布在文化繁盛的江南之地，以江西、湖南、浙江、福建为最多，分别为 161 所、24 所、44 所和 27 所[①]。这一方面是由于宋廷南迁，北方大地落入女真族金兵控制之下，汉民族南迁，汉民族文化中心随之南移；另一方面，书院的发展受著名学者讲学活动影响极大，江西、湖南、浙江、福建等地有众多名师讲学，是南宋理学家活动的主要地区和范围，所建书院自然随之增多。特别是朱熹、陆九渊、吕祖谦、张栻等一批理学流派的代表人物及其弟子都在江南地区，遂使这些地区成为书院最发达之地。

南宋书院的勃兴，不仅表现在数量大增，而且规模也有所扩大。更重要的是表现在制度上进一步完备和教育活动的内容、形式进一步丰富、充实。

南宋书院已建立起一套比较完备的制度。从办学宗旨、培养目标、教学内容和方式，以及教师的选聘、学生来源及条件、经费筹集和组织管理等，都有了比较明确的规定和比较稳定的条例。朱熹为白鹿洞书院亲手拟定的《白鹿洞书院揭示》（也称《白鹿洞书院教条》《白鹿洞书院学规》）成为各书院的标准条规，为书院制度化建设作出了重要贡献。

---

① 这个数字不十分准确，因为有一部分书院只注明建于宋代，难以确定是北宋还是南宋，此处只能据确已注明为南宋所建为准。

白鹿洞书院礼圣殿

南宋书院的规模进一步扩大，设施也渐趋完备，而且形成了较稳定的建筑格局。一般书院多由祭祀设施、藏书楼、讲堂、斋舍、生活设施五部分组成。讲堂多达十余间，斋舍百余间，容纳生徒和来访者数百人。

南宋书院教育的内容和形式日益充实和丰富，教育特色更为突出和显著。藏书、祭祀、讲学都受到充分的重视，并且形成了相应的制度，创设了较好的条件。

书院的藏书受到广泛的重视。除请求朝廷御颁书籍外，还收藏友朋赠书，并遣人四处购书。专建藏书楼和书库，委派专人掌管。不少书院着手自己编书、刊刻书籍。各书院差不多都成为当地一个藏书最丰富的场所，因此成为一个地区的文化教育中心。

南宋书院的讲学有许多新发展。讲学人可慕名聘请，或书院主持人自讲，还可临时请名人讲演。不同学派可以互相交流、论辩。如：黄榦（gàn）（**朱熹的得意弟子**）去庐山访友，曾应邀在白鹿洞书院讲"乾坤二卦"；朱熹曾赴岳麓书院同张栻会讲。名师在书院讲学，听讲者不限本书院师生，外地士子也可前来听讲，如黄榦在白鹿洞书院讲"乾坤二卦"时，"山南北之士皆来集"。有的书院还曾实行高足弟子代讲。如陆九渊在槐堂讲学时，令弟子邓约礼为斋长，有求见问学者，先令其从邓问学；在应天山精舍讲学时，又以从邓约礼学习的傅子云代讲。名师讲学常把所讲内容整理成讲义，学生听讲也如实边听边记，如陆九渊在白鹿洞书院讲学的"书堂讲义"，吕祖谦在丽泽书院讲学也有"丽泽讲义"。学生的听讲笔记也常整理总汇起来，如《朱子语类》140卷，就是辑录朱熹99个弟子的多年听讲笔记而成的。后世教学中教师的讲义和学生的听课笔记大概就是由此沿袭而来的。南宋讲学的优良传统，到明代书院又有进一步发展，成为独具特色的书院讲会制度。

南宋书院数量多、规模大、地位高、影响广，差不多取代了官学，成为当时许多地区的主要教育机构。

南宋书院的勃兴是多方面因素促成的。概括起来，大概有四个方面的原因：

第一，官学的衰落是书院勃兴的直接原因。庆历以后，北宋的统治者曾把发展教育的重点寄托在兴办官学上，然而三次兴学运动均告失败，所存者也仅有学校的形式，而无教育的实绩。

绍熙三年（1192）吏部尚书赵汝愚在一份奏折中指出：中兴以来，朝廷建太学，行贡举，造成"奔竞之风胜，而忠信之俗微"，学校中"工雕篆之文，无进修之志"，"视庠序如传舍，目师儒如路人，季考月书，尽成具文"（《宋史·选举志》）。

朱熹在《学校贡举私议》中也说，"所谓太学者，但为声利之场，而掌其教事者不过取其善为科举之文"，"师生相视漠然如行路之人，间相与言，亦未尝闻之以德行道艺之实"，学校"又只以促其嗜利苟得，冒昧无耻之心。殊非国家之所以立学教人之本意也"（《朱文公文集》）。

兵部侍郎虞俦（chóu）曾上书指出："近来州郡之学，往往多就废坏。士子游学，非图啜饣以给朝夕，则假衣冠以诳流俗。而乡里之自好者，过其门而不入，为教授者，则自以为冷官，而不事事。自一郡观之，若未甚害也，举天下皆然，则实关事体也。"他愤激地说："朝廷建一官，盖欲使之治一职，苟以为迂阔于事，无补于时，曷不一举而废之！吏禄学粮，犹可省也。"（《续文献通考·学校考》）

正因为如此，朱熹等人才极兴书院，许多人仿效朱熹之所为，大力提倡和创建书院。

南宋统治者也从总结北宋发展官学忽视书院造成更多的社会矛盾的教训中，深感支持书院的发展是有利的。一方面出于政治上的考虑。北宋兴学运动，提高了官学的社会地位，官学学生，尤其是太学生成为一股强大的政治势力。北宋末年，太学生论陈时政已成风气。至南宋时，太学生伏阙上书，干预朝政的声势更强烈，造成相当大的社会影响，给统治集团带来很大的政治压力。如：陈东在钦宗和高宗时曾七次上书，并领导了太学生请愿运动；光宗绍熙五年（1194）太学生汪安仁等200余人上书；宁宗庆元元年（1195）太学生杨宏中等六人上书；理宗淳祐十年（1250）太学生刘黻（fú）等六人上书。因此，统治集团感到与其发展官学，不如鼓励读书士子在深山寂林创设书院闭门读书、潜心修养更为可靠，至少可以减少许多麻烦。另一方面还有经济上的考虑。北宋兴办官学，上自太学，下至州府县学，一切费用概由官府负担，需要大批经费，而国家经济实力又不足以维持数量众多的学校。南宋时，国家财政更为困难，尽管高宗曾宣称"朕不惜百万之财以养士"，究竟不免因实际困难而发生动摇。朱熹在《崇安县学田记》中记叙过州县学经费困难的窘况："崇安县故有学而无田，遭大夫之贤而有意于教事者，乃能缩取它费之赢以供养士之费。其或有故而不能继，则诸生无所仰食，而往往散去，以是殿堂倾圮，斋馆芜废。"朱熹感叹道"然养士之需，至以天下之力奉之而不足，则亦岂可不谓难哉"，总不能老让读书人"岁终裹饭而学于我"吧！因经费困难致使官学时作时辍，难以维持，而自筹经费、置田设学的书院倒有独特的优势，遂应运而生。

第二，科举制度的腐败是南宋书院勃兴的重要原因。南宋官学的衰落和科举制度的腐败是互为因果的。在一定意义上说，正是科举制度的腐败，进一步加剧了官学的衰落。因此，南宋许多有志之士对官学的批评多从抨击科举制度的弊病着眼的。

南宋的书院都标榜反对科举。朱熹在复兴白鹿洞书院时，就反复劝（xù）勉学生不要参加科举，不要只想做官，不要追求利禄，应当牢记古代圣贤教人为学之意，讲明义理，以修身心，然后推己及人。要像颜渊那样，居陋巷而不改其乐，钻研贤圣经传，只求明诚两进，德业双修，道艺并进。朱熹的许多诗句都贯穿着这种精神。

一首称：

曰明诚其两进，抑敬义其偕立。

允苹挚之所怀，谨巷颜之攸执。

彼青紫之势劳，亦何心于俯拾。

（《朱文公文集》卷一）

另一首称：

青云白石聊同趣，霁月光风更别传。

珍重个中无限乐，诸郎莫苦羡腾骞。

（《朱文公文集》卷七）

还有一首称：

深源定自闲中得，妙用元从乐处生。

莫问无穷庵外事，此心聊与此山盟。

（《朱文公文集》卷七）

都是提倡和鼓励学生向颜渊学习，追求一种"孔颜乐处"的精神境界。

值得注意的是，南宋学者创书院讲学，读书士子热心于求学书院，不同于唐末五代的士人隐居山林、以避战乱的消极心态。朱熹等人也并非真的超俗出世，而是希望造就具有"德行道艺之实"的人才，以匡正天下，挽救世风、世俗。

第三，理学的发展和成熟为南宋书院的勃兴提供了文化学术思想条件，理学大师在书院讲学扩大了书院的影响。

理学的发展和成熟，促进了南宋书院的勃兴。南宋的书院多是宣讲理学的书院，理学成为南宋书院的基本教育内容；南宋的理学主要通过书院进行传播，南宋书院成为研究和传播理学的重要基地。著名学者杨时说："学而不闻道，犹不学也。"若庸也说："创书院而不讲明此道，与无书院等。"所谓"道"，即道学之道，也就是理学之道。表明理学与书院的关系是极为密切的。

理学奠基于北宋时期。周敦颐、二程、张载、邵雍等人，反对汉唐经学教育只重章句训诂、笺注，主张为学要讲究明心养性，讲明义理，认为仁、义、忠、信不离乎心，本源于理，正心、诚意、修身为为学之本，必须以《易》为宗，以《大学》《中庸》为体，以孔、孟为法，构建起理学的基本体系和框架。朱熹以毕生精力完成对《大学》《中庸》《论语》《孟子》的注释工作，合称为《四书集注》，并推崇为"经"的权威神圣地位，标志着理学已进入成熟阶段，朱熹也成为理学的集大成者。

理学体系成熟的同时也就步入传播阶段，书院讲学是传播理学的最好方式和最佳途径，因为书院具有教学与学术研究相结合的特点，书院大都不受或较少受科举考试的制约，便于自由讲授、自由研讨。因此，书院成为研究和传播理学的最理想的场所，成为发展理学的学术教育基地。

南宋的理学，形成不同的学派。每一学派都创办了一批各具特色的书院，而每所书院也就成为研讨或传播某一理学派别学术思想的基地。如朱熹复兴白鹿洞书院，张栻主讲岳麓书院，陆九渊讲学于应天山精舍和象山精舍，吕祖谦主讲丽泽书院等。他们各以书院为基地传播自己学派的学术思想，实现自己学派理想的教育目标。特别是他们的弟子门人又各创书院，以扩大影响，造成了书院繁盛的局面。

理学大师亲自复修书院或新创书院，在书院授徒讲学，提高了书院的学术地位，为书院树立了威信，扩大了书院的社会影响。北宋的著名学者多在官学任职，南宋的著名学者大都逐步从官学移足书院。朱熹、陆九渊、吕祖谦、张栻等都是南宋学术界的名流，又是书院教育的积极倡导者，他们的弟子门人也都是积极创办书院的有名人物，对南宋书院的勃兴起了推波助澜的作用。

理学大师在书院讲学，吸引了大批读书士子慕名奔趋，造成了书院空前勃兴之势。

第四，南宋印刷业的发达为书院的勃兴提供了一定的物质条件。书院以藏书丰富为特征。自学读书是书院教学的一大特色。藏书是书院教育活动的重要内容之一，也是书院教育悠久的优良传统。

中国的印刷术是世界闻名的重大发明，长期处于世界领先的地位。印刷术的发明，印刷条件的改善，是书院发展的重要条件。王应麟在其所著《玉海》中解释书院时称："院者，取名于周垣也。"就是说，书院就是指有围墙院落的藏书、校书、读书的场所。书院与书籍是不可分的。

南宋时期，中国的印刷术又有了新的进步，刻版印刷的发展大大提高了刊印图书的效率和质量。除了官方的刊书机构，大量出现私家书坊，为私人藏书提供了方便。书院藏书的条件得到了保障和改善，并且开创了书院刊印图书的历史。后世图书馆藏书中的珍本书、善本书，一部分就是"书院本"。如：婺源丽泽书院在理宗绍定三年（1230）重刻司马光的《切韵指掌图》二卷；龙溪书院于淳祐八年（1248）刻《陈北溪集》50卷；象山书院于绍定四年（1231）刻袁燮的《家塾书抄》12卷；建安书院于咸淳元年（1265）刻《朱文公文集》100卷，《续集》10卷，《别集》11卷。

图书的大量刊印，有利于图书收藏，也为书院的发展提供了有利的条件。特别是书院刻书业的发展，扩大了书院的社会影响，提高了书院的社会地位，也方便了书院的教学和研究工作的开展和提高，对书院的勃兴起了重要的推动作用。

四、朱熹与南宋书院

朱熹对南宋书院的勃兴起了至关重要的作用。影响最大的举措是复兴白鹿洞书院，关心其他书院；总结书院教育的经验，完善书院教育制度；以书院为基地推动理学各学派的学术论争和交流，扩大书院的社会影响；鼓励和支持弟子门人广建书院，传播理学思想。这些活动对南宋书院的勃兴作出了重要贡献。

（一）复兴白鹿洞书院

白鹿洞书院在宋初已是闻名天下的四大书院之一。但自皇祐六年

（1054）废毁之后，竟然仅存瓦砾榛荆、茂草荒丘，屋宇损其七八，遗迹难辨了。

淳熙六年（1179）朱熹受命差知南康军。上任伊始，即出榜征询有关陶潜、刘涣、洪氏义门雷塘书院，以及白鹿洞书院遗址，以便"别行措置"。榜文称："按图经，白鹿洞学馆，虽起南唐，至国初时犹有旧额，后乃废坏，未悉本处目今有无屋宇。"

同年秋天，朱熹亲自察看了白鹿洞书院遗址。看到那里山清水秀，幽静清雅，"无市井之喧，有泉石之胜"，确是一处隐居、读书、讲学、著述的好地方，于是断然决定尽快加以修复。随即发牒分派军学教授、星子县知县筹措兴复事宜，并上书朝廷，奏明复兴的理由和计划。他在奏折中指出：

> 庐山一带老佛之居以百十计。其废坏无不修葺。至于儒生旧馆只此一处。既是前朝名贤古迹，又蒙太宗皇帝给赐经书，所以教养一方之士，德意甚美，而一废累年，不复兴起，吾道之衰既可悼惧，而太宗皇帝敦化育才之意亦不著于此邦，以传于后世。尤长民之吏所不能不任其责者。其庐山白鹿书院合行修立。（《白鹿洞书院志》卷二）

朱熹的奏议，最初并未引起皇帝重视，于是再次呈奏。奏文反复强调复兴白鹿洞书院的意义和理由。

考此山（指庐山）老佛之祠，盖以百数，兵乱之余，次第兴葺，鲜不复之旧者，独此儒馆莽为荆榛。虽本军（指南康军）已有军学，足以养士。然此洞之兴，远自前代，累世相传，眷顾光宠，德意深远，理不可废。况境内观寺，钟鼓相闻，殄弃彝伦，谈空说幻，未有厌其多者，而先王礼乐之官，所以化民成俗之本者，乃反寂寥稀阔，合军与县，仅有三所，然则复修此洞，盖未足为烦。（《白鹿洞书院志》卷二）

今老佛之宫遍满天下，大都至逾千计，小邑亦或不下数十，而公私增益，其热未已。至于学校则一郡一邑仅一置焉，而附郭之县或不复有。盛衰多寡之相绝，至于如此，则邪正利害之际，亦已明矣。（《白鹿洞书院志》卷二）

朱熹奏文，在反复申诉复兴书院的理由和愿望中，字里行间，流露出对朝廷和各级官府只重佛、道，关心寺观，而尊儒不力，忽视书院的委婉批评。同时对佛道泛滥、寺观遍立而危及儒学地位的状况深感不安，从而表达出决意与之抗衡的紧迫感和焦虑心情。

朱熹的建议和计划并未得到朝廷的支持，反而遭到了讥笑和反对，"朝野传喧以为怪事"。

尽管如此，朱熹仍然冲破各种阻力，依靠地方力量着手进行修复工作。

淳熙七年（1180）三月，仅仅用了半年时间，书院初步修复。朱熹率领军、县官员同书院师生一起，祭祀先圣、先贤，举行了开院典礼，讲授《中庸首章》。

朱熹在南康任职期间，为白鹿洞书院修建屋宇十余间，并拟订了修建礼圣殿（大成殿）和扩大斋舍的计划。

朱熹认为购置学田，是书院维持和进一步发展的"久远之计"，所以十分重视学田建设，制订了购置学田的计划，并筹集了部分资金。

朱熹还通过多种途径为书院收集图书。白鹿洞书院修复后，朱熹曾向南康军各官府衙门发布文告征集图书。收集到的图书，有的加上跋语，有的刻石为记，以便久存。当时清江刘仁季曾将其先人所收藏的《汉书》四十四通赠送给朱熹，朱熹遂转送新落成的白鹿洞书院，"使之藏之，以备学者看读"。

朱熹在修复和主持白鹿洞书院的工作中，有两个举措影响最大。

其一，亲手拟定《白鹿洞书院揭示》，也称《白鹿洞书院教条》、《白鹿洞书院教规》、《白鹿洞书院教约》或《白鹿洞书院学规》，对书院教育的制度化、规范化起了决定性的作用。《白鹿洞书院揭示》总结前人创办书院的宝贵经验，又吸收了佛教禅林清规的长处，明确了办学宗旨、培养目标、为学之要、待人接物、应事处世的基本要求，形成相当完整的书院建设纲领性规章，成为当时和后世书院争相仿效和履行的标准化规约。

《白鹿洞书院揭示》本文内容如下：

父子有亲，君臣有义，夫妇有别，长幼有序，朋友有信。右五教之目。尧舜使契为司徒，敬敷五教，即此是也。学者学此而已。

而其所以学之之序，亦有五焉，具列如左（下）：

博学之，审问之，慎思之，明辨之，笃行之。右为学之序。学问思辨四者，所以穷理也。若夫笃行之事，则自修身以至于处事、接物，亦各有要，其别如左（下）：

言忠信，行笃敬，惩忿窒欲，迁善改过。右修身之要。

正其谊，不谋其利；明其道，不计其功。右处事之要。

己所不欲，勿施于人；行有不得，反求诸己。右接物之要。（《朱文公文集》）

《白鹿洞书院揭示》不仅成为南宋书院的统一学规，而且成为元、明、清各代书院学规的范本，甚至各级各类官学也以白鹿洞学规为诸生准绳。白鹿洞书院也名声大振，并进一步强化了朱熹复兴白鹿洞书院的意义。

其二，朱熹亲自主持、主讲白鹿洞书院，并聘请名流学者到白鹿洞书院讲学，使书院讲学的特色更为突出、鲜明。

书院教学突出地体现出教学与学术研究相结合的特点。朱熹在白鹿洞书院讲学不再重复传统经学教学的旧模式，不以章句训诂、名物考证、文辞声韵的雕凿为主旨，而是究明义理，求得德行道艺之实。将理学研究的成果变成书院讲授的内容。汇集了朱熹毕生研究成果的《四书集注》，正是朱熹在白鹿洞书院边讲授边修订的。《中庸首章》《大学或问》《论孟精义》即是朱熹理学研究与白鹿洞书院讲堂讲义融为一体的结晶。朱熹讲学并非逐经按班讲授，而是经过整理、诠释、归纳成讲义，特别强调将研究所得以讲义、笔札、语录等方式传授给学生。

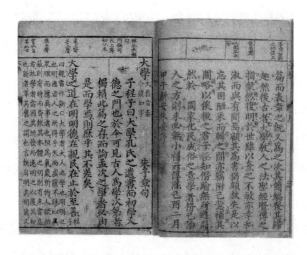

朱熹《四书集注》

书院教学重视质疑问难，讨论争辩。朱熹一向提倡读书要有疑，疑渐渐解方是进步。在教学中鼓励、引导学生发现疑难，经过讨论、争辩，解除疑难。所以质疑问难、讨论争辩贯穿整个书院教学的全过程。据记载，朱熹在白鹿洞书院讲学，"每休沐辄一至，诸生质疑问难，诲诱不倦，退则相与徜徉泉石间，竟日乃返"。质疑问难、讨论争辩成为白鹿洞书院讲学的特色，也成为南宋书院讲学的优良传统，为后世书院所遵循沿用。明代王阳明曾到白鹿洞书院讲学，"每晨班坐，次第请疑，问至即答"。清代仍沿此传统，"每日升堂会讲，主洞官先讲，或诸生复讲，最后有疑者，以次升问，即问即答"。

书院教学强调学生自学读书。朱熹认为学问靠自己积累，义理靠自己探索，教师只能做个"引路的人"，只能起到"示之于始，正之于终"的作用，不能代替学生自学。他反复强调："读书是自己读书，为学是自己为学，不干别人一线事，别人助自家不得。"他把学习比喻为饮食："不能只待别人理会，安放自家口里。"朱熹十分坦率地告诉学生："某此间讲说时少，践履时多。事事都用你自去理会，自去体察，自去涵养。书用你自去读，道理用你自去究索，某只是做得个引路底人，做得个证明底人，有疑难处，同商量而已。"在朱熹的倡导下，以自学读书为主的书院教学传统得到进一步发扬。

书院讲学实行开放式。白鹿洞书院的教学除朱熹本人亲自主讲及本院教师讲授外，还邀请院外名流来院讲学。听讲者除本院师生外，非本院人士也可前来听讲。不同学派的学者也可同在书院讲学，以便引起争辩，促进学术的交流。朱熹和陆九渊曾在淳熙二年（1175）的鹅湖之会展开过公开的学术论争。淳熙八年（1181）即白鹿洞书院刚刚修复之时，朱熹竟亲自诚恳邀请陆九渊到书院讲学。陆九渊也高兴地接受邀请，在白鹿洞讲《论语》"君子喻于义，小人喻于利"一章，勉励师生"悉心力于国事民隐"，不要"惟官资崇卑，禄廪厚薄是计"，要"专志乎义而日勉"，"深思是身，不可使之为小人之归，其于利欲之习"。并盛赞朱熹复兴白鹿洞书院之举，是"起废以新斯堂，其意甚笃矣"。朱熹深受感动，一再表示："熹当与诸君共守，以无忘陆先生之训。"赞赏陆九渊"说得这义利分明"，"今人见读书便是利，如取解后又要得官，得官后又要改官。自少至老，自顶至踵，无非为利。说得来痛快，至有流涕者"（《陆象山年谱》）。朱熹将陆九渊的讲义，刻石永存，以警学者。据后人记载："陆子静（九渊）登白鹿讲喻义一章，环而听者千人，田夫野老有闻而泣者。"听讲者达千人之众，其中还有"田夫野老"正是白鹿洞书院教学开放性的有力证明。

正是由于朱熹尽全力复兴白鹿洞书院，倾心于白鹿洞书院的教学和管理，使白鹿洞书院名声大震，影响剧增，从而带动和促进了南宋书院的勃兴。

（二）朱熹亲自创建书院

朱熹不仅热心修复原有的书院，而且亲自创建书院，从事学术研究和讲学活动。其中最著名的有寒泉精舍、武夷精舍和竹林精舍。

1. 寒泉精舍

寒泉精舍在闽北建阳县城西二十余里崇泰里后山天湖之阳，名为"寒泉坞"。

乾道五年（1169）朱熹母亲祝氏病卒，葬于此。朱熹返里守墓，在墓旁筑室，匾额为"寒泉精舍"。

朱熹在寒泉精舍边著述，边讲学，又会友聚徒，前后达八年之久。

据朱子年谱记载，朱熹在寒泉精舍完成一批重要的理学著作，如《家礼》《论孟精义》《通鉴纲目》《八朝名臣言行录》《太极图解》《通书解》《程氏外书》《伊洛渊源录》等。还与吕祖谦合作，撰成《近思录》。

寒泉精舍同时也是聚徒讲学的书院。朱熹的首批门徒就是由此开始从其问学求教,其中最著名者就有黄榦。

寒泉精舍时与云谷精舍并称,也有直称为云谷书院者。后世为纪念朱熹,对云谷书院还屡有修葺。

寒泉精舍实际上是朱熹书院教育生涯的第一次实践,为其积累了丰富的经验。

2. 武夷精舍

武夷精舍在崇安县(今福建南平市武夷山)武夷山的五曲大隐屏峰下。

朱熹幼年丧父后,曾随母定居崇安五夫里,从学于刘子羽、刘勉之、刘子翚(huī)和胡宪。刘子翚常带朱熹到武夷山,讲习于水帘洞处。刘氏为游览之便,曾在下梅置田 200 亩,设歇马庄。刘氏族人刘中还建水帘讲堂(或称瑞樟书院)。武夷山的自然环境和文化氛围给朱熹留下深刻印象和美好回忆。朱熹在任职同安县主簿归来奉祠家居十几年中,又在武夷山建家山堂,潜心著述和讲学。淳熙二年吕祖谦来访时,在寒泉精舍共商编订《近思录》,完成后邀诸友同游武夷山,曾刻石留念。淳熙九年(1182)朱熹被调离刚任职一年的提举两浙江东路常平茶盐公事,迁台州主管崇道观,实际是贬回武夷山。朱熹即在武夷山大隐屏峰下五曲之旁,建武夷精舍。朱熹亲自擘画,"使弟子具畚锸,集瓦木,率相成之",当年四月即告完工。

武夷精舍

据史料记载，武夷精舍面溪背山，占地三亩许，在隐屏峰下两麓相抱之中有屋室三间，名为"仁智堂"，堂之左右各一室，左谓"隐求室"，朱熹的住所；右为"止宿寮"，为待客之用。山麓外有一山坞，以石累为"石门坞"，坞内为生徒群居之所，称"观善斋"。外有墙门，匾额"武夷精舍"。朱熹自记称："堂成而始来居之，四方之友来者亦甚众，莫不叹其佳胜，而恨他屋之未具，不可以久留也。"（《朱文公文集·武夷精舍杂咏诗序》）

武夷精舍完全由朱熹亲自筹措，门人弟子自己动手，不靠任何官府资助而成。可以看作是朱熹在刚刚复兴白鹿洞书院两年后的又一影响巨大的举措。

朱熹在武夷精舍著述讲学六七年之久，完成了又一批理学著述，如《易学启蒙》《小学》《中庸或问》《中庸章句》等。

朱熹去世后，武夷精舍作为家塾式书院，由其子朱在、其孙朱鉴相继"葺而广之"。监司潘友文、彭方尚拨公田以赡学者。淳祐四年

（1244）知县陈樵子和熊蒙正、詹枢云等对其进行重建，扩大其规模，更名为书院。景定年间（1260—1264）朝廷设山长以教邑士，理宗赐匾额。咸淳年间（1265—1274）程若庸任武夷书院山长。咸淳四年（1268）朝廷命有司再次扩建屋舍，建古心堂，并更名为紫阳书院。之后不少学者来此或就近筑室建堂，读书讲学，如游九言、刘瀹（yuè）、蔡沈、蔡抗、熊禾等。武夷山遂成为理学名山，闽北一带成为南宋书院比较集中之地，有"道南理窟"之誉。

3. 竹林精舍

竹林精舍在建阳县城西五里。早年朱熹之父朱松"爱其山水清邃，欲卜居未果"。朱熹晚年念先父之志，欲定居于此。绍熙二年（1191）离漳州之任回建阳，在原考亭买旧屋，重加修缮，构筑新居，宅旁建一藏书楼。不久，朱熹调赴潭州之任。绍熙四年（1193）朱熹离任归里，在藏书楼之东建竹林精舍，为居家讲学之所。

竹林精舍成为朱熹晚年聚徒讲学之所，其门人高足多聚此讲论。《朱子年谱》称："先生晚归，学者甚众，至是精舍落成。"朱熹在竹林精舍仍沿用《白鹿洞书院揭示》。他身处逆境，不忘著述、授徒，讲学不息，学生远自川蜀，慕名来学。朱熹去世后，淳祐四年（1244）理宗赐额竹林精舍改名"考亭书院"。

由上可见，朱熹一生始终关注书院教育，利用一切机会从事书院教育的实践。创办书院，以书院为基地研究理学、培养人才成为朱熹从事教育活动的主要形式。也因此，朱熹与南宋书院的勃兴关系至为密切。

（三）朱门弟子与南宋书院

朱熹的门人弟子众多，有姓名可考者达数百人。许多人为传播朱熹的思想学说建书院或执教于书院。他们是南宋中后期书院蓬勃发展的重要社会力量。

1. 黄榦与书院教育

黄榦为朱熹首批弟子之一，追随朱熹 20 余年，"闻其言论，观其举指"，坚守师说，始终不二。他通过书院传播朱学，对南宋书院的勃兴有重要影响。他在闽赣地区建多所书院。如：龟峰精舍在建阳城内，后改为环峰精舍。嘉定间，黄榦在此讲学著述。宝庆三年（1227）其子曾对精舍加以修整扩建。淳祐四年理宗赐环峰书院额，并诏立祭田。又如：潭溪精舍在建阳崇奉里。淳熙十六年（1189）黄榦曾建草堂于此，朱熹由建阳赴云谷途中，常在此停留休息，并为草堂题名为"潭溪精舍"。还有莪峰书院，在抚州临川城（今抚州市）内。嘉定元年（1208）黄榦知临川县时捐俸与李壁同创书院，黄榦亲自讲学其中。再如：高峰书院在临川军新淦（gàn）县城东，嘉定五年（1212）黄榦知新淦，次年建书院，并讲学其中。

2. 建阳蔡氏父子与书院教育

蔡元定，建阳人，学者称西山先生。自幼受理学熏陶，闻朱熹之名，前往求教，朱熹以友人对待他。乾道年间（1165—1173），朱熹在寒泉建精舍，蔡元定在西山建精舍，同在建阳崇奉里，往来论讲甚为方便。据记载，寒泉精舍与西山精舍遥相对峙，两人分别在精舍建灯台，晚上悬灯相望，灯明则无事，灯暗则有疑，约次日相聚研讨，两人经常对榻讲论诸经奥义，每至夜半。四方之士来从朱熹学者，往往先从蔡元定质正。朱熹十分赞赏蔡元定的人品和学识，称其"处家，以孝悌忠信仪刑子孙。而其教人也，以性与天道为先。自本而末，自源而流，闻者莫不兴起"（《宋元学案·西山蔡氏学案》）。朱熹读书常与其相互切磋，著述常与其共同参改。

蔡元定之子蔡渊、蔡沆、蔡沈，皆师事朱熹。蔡元定逝世后，其子继其父业，蔡渊主持西山精舍。宝祐三年（1255）理宗御书"西山"二字，又赐庐峰书院额。

3. 饶州朱门弟子与书院教育

朱熹在江南东路饶州一带弟子众多，大多继承朱学，建书院教诲后学。如：朱熹门人金去伪，在饶州鄱阳县建鄱江书院，不就官，不著书，专心在书院讲学，传播朱学。又如：程端蒙，在饶州德兴县建蒙斋书院，著有《性理学训》一书，深得朱熹赞赏。董铢，讲学于建盘涧书院，著有《性理注解》一书。程端蒙、董铢合订《学则》，将朱熹手订的《白鹿洞书院揭示》具体化，并应用到初级教育阶段。《学则》要求：凡学者必严朔望之仪，必谨晨昏之令；居处必恭，步立必正，视听必端，言语必谨，容貌必庄，衣冠必整，饮食必节，出入必省；读书必专一，写字必楷敬，几案必整齐，堂室必洁净，相呼必以齿，接见必有定；修业有余功，游艺有适性，使人庄以恕，学必专所听。朱熹对此《学则》十分肯定，亲自为之作《跋》，加以宣扬、推广。后世书院多以朱熹的《白鹿洞书院揭示》和《程董二先生学则》同时并立为师生必遵之条规。再如：饶州余干有柴氏一族建书院传朱学。柴元裕建松冈学舍，仿白鹿洞书院规制，学以穷理尽性为本，四方来学者众多。柴中行建南溪书院讲学，数百人出其门下。余干还有李伯玉致仕归里，建斛峰书院讲学，并聘请其他学者前来讲论。余干赵汝愚曾在东山书院讲学，其子赵崇宪又建忠定书院，皆传朱学。

饶州地区成为朱熹学说传播和发展的重要基地，多赖其门人弟子广建书院讲学授徒，扩大了影响。

4. 信州陈文蔚与书院教育

陈文蔚经同乡余大雅引见，于淳熙十一年（1184）前往崇安寒泉精舍师事朱熹门下，深得朱熹赏识。陈文蔚毕生从事教育事业，先后在饶州州学、信州州学、袁州州学、丰城龙山书院、宜春南轩书院、景德镇双溪书院和白鹿洞书院、铅山鹅湖书院讲学。陈文蔚在双溪书院讲学时，订有《双溪书院揭示》，仿《白鹿洞书院揭示》并加以具体化：

> 文蔚闻之，为学之道，无如收放心，以讲明义理。端庄专一，整齐严肃所以收放心。亲师取友，切磋琢磨所以讲明义理。苟身居一室之内，心驰万里之外，虽日亲方册，口诵圣言，亦欺人耳，于己实何益哉！朋友相聚，识性昏明固有不同，虽曰不同，其间岂无一得。讲明义理，互出己见，终有一个是底。既曰是，虽圣

贤复生皆不能外,安得而违之。日夕相聚,讲说愈多,闻见愈博,未说到贯通处,亦足以为会文之益也。为诸友计,切须收敛身心,务在端静。以放纵四支驰骛纷华为戒,则放心自然可收。施之读书为文,义理自明,工程自进。况又得师友之益,有讲论之功,相观而善,相资而成。由此而进,古人事业不难也,况课试之余乎!惟自近世以来,朋友道弊,群居之时,笑侮戏谑,面谀背毁,善不相告,失不相正。甚者以气相陵,以能相矜,无朋友相爱之意。一旦分袂,便同路人,音问不通,庆吊不讲,利患不共,是无他故,方其同堂合席之际已无情义。莫非苟且,况已离群,其藐然不相恤也,宜矣。岂知朋友之道,在人伦五者之列,而于君臣、父子、兄弟、夫妇并行于天地方间。朋友可废,则五者亦可废矣。有是理哉。文蔚平居,念此每窃忧之。是以愿与诸君共笃此义。诸君苟然念此,则乡之所设学规者,益亦大为之防,是不足于相浼,然出此则入彼矣,诸君其体之。

陈文蔚居家讲学处,号为"克斋",又订有《克斋揭示》。其要点有四项:

其一,"入则孝,出则弟。""人之立身,莫先于孝弟,盖孝弟为人之本。人所以戴天立地而异于物者,以其亲亲长长而有是良心故也。苟以失其良心而不孝不弟,则无以为人矣。"

其二，"事父孝，故忠可移于君；事兄弟，故顺可移于长；居家理，故治可移于官。""有父子然后有君臣。父子、君臣，人伦之首，故为人臣子者，事父必以孝，事君必以忠。然则不孝则不能忠。……事君不忠，皆源于事父不孝也。忠孝立身之大节，于此二者一有缺焉，则不足以立身。"

其三，"居处恭，执事敬，与人忠。""是三者修身、应事、接物之要。人之处世，忠孝固其大节，然不能不应事，不能不接物。临事贵乎不忽，待人贵乎尽己。应事接物各得其道，则于事无失，于物无忤。要之二者又自修身以始。"

其四，"博学之，审问之，慎思之，明辨之，笃行之。""是五者穷理力行之目。""学、问、思、辨乃穷理之事。为其穷理，故能力行。修身之道功夫实在于此。盖不穷理无以知其事之当然，不力行则无以遂其志之决然。虽欲修身，不可得矣。然力行，又以穷理为先。穷理之目有四，而力行则一言而足。盖修身，穷理之功为多，而力行则行其所知而已。故修身非穷理力行有所不能，忠孝非修身有所不能，以是而应事接物，未有不尽其情矣。"

陈文蔚明确指出，他所拟定的学规正是依据朱熹《白鹿洞书院揭示》而略加发挥而成。他说："近世学规朱先生揭之于白鹿洞书院已尽之矣。今撮其绪余以告来学之朋友，便知立身之大节，修为之次第。……如右数条当相与共守之。"（《陈克斋集》）

在朱熹门人中，将朱熹有关书院教育的思想和经验，付诸实践，并有所发挥者，陈文蔚之表现最为突出。

5. 浙东朱门弟子与书院教育

浙东一带陆九渊门人弟子为众，传播较广。朱熹门人也颇有影响。著名者有辅广、陈埴（zhí）、杜煜等人。

辅广，曾从吕祖谦学，后又入朱熹门下，曾亲赴武夷山三月而返。奉祠归里，建傅贻书院于浯溪，以传习朱学为己任。

陈埴，先师叶适，后师朱熹，主讲于明道书院，并任山长。虽宗朱学，又杂有陆学。

杜煜，师事朱熹十余年，与其弟杜知仁同学于石塾。石塾曾建观澜书院于临海，传播朱学。

6. 南康军朱门弟子与书院教育

朱熹任南康军守，复兴白鹿洞书院，南康地区，朱熹门人不少，也多建书院或讲学于书院之中。

彭蠡（lí），朱熹守南康时，曾经亲自面出疑义，向朱熹问难质难，得辨析甚精之教。晚年于南康军都昌县立石潭精舍，聚徒讲学，名盛四方。

冯椅，受业朱熹于白鹿洞书院，退居故里，著述讲学。长子冯去非，次子冯去疾，皆建书院，隐居读书讲学。

南康军建昌县（今江西省永修县）有吕氏五兄弟，同游朱熹之门，学成隐居不仕，建乡山书院读书讲学，号称"朱门五贤一家"。吕炎、吕焘还会同周模、蔡念成、余宋杰、胡泳、李燔等人，联合众多朱门弟子在康郡庐组成"联讲会"。唯朱熹书是读，每季集会一次，到期集于主持者之家，往复问难，相告以善，有过失规正之，岁月寝久不少患，集中来会者常十七八人。这是有书院讲会形式开端，至明代发展成书院讲学的主要形式。

上述材料充分表明，朱熹对南宋书院的勃兴，影响极大，不仅自己创建书院，复兴白鹿洞书院，而且他的门人弟子也在各地广建书院。南宋时期，江西、福建、浙江书院繁多，特别是江西、福建的书院大多与朱熹及其门人弟子热心创办有关。朱熹及其门人弟子对南宋书院的勃兴起了关键性的作用。

五、陆九渊、吕祖谦、张栻等与南宋书院

南宋书院的勃兴与理学的发展有密切关系。南宋理学学派林立，流派繁多，除以朱熹为代表的程朱学派（也称闽学，或称考亭学派）之外，还有以陆九渊为代表的象山学派，以吕祖谦为代表的浙东金华学派（也称婺学）和以张栻为代表的湖湘学派。此外，以陈亮为代表的永康学派和以叶适为代表的永嘉学派（合称为事功学派）对南宋书院的勃兴也有相当大的影响。

（一）陆九渊和象山学派与南宋书院

在朱熹将理学推向成熟阶段的同时，陆九渊独树一帜，另开门户，创象山学派，形成朱陆对峙之势。

陆九渊和象山学派同样热衷于书院讲学，对南宋书院的勃兴产生了重大影响。

陆九渊幼年读书于家塾，10岁以后随兄读书于抚州州学和金溪疏山寺。乾道八年（1172）春试得中进士。归故里，建书斋读书，继而建槐堂讲学。杨简、桂德辉、傅梦泉、刘伯文、刘伯协、周伯熊、陈刚、彭兴宗、朱桴、朱泰卿等都来就学。陆九渊教学，先教人辨志、辨义利，令人求放心，不以言语文字为意。多年后，地方官员在金溪县陆九渊讲学处建槐堂书院。

淳熙八年（1181）曾应朱熹之邀，在白鹿洞书院讲《论语》"喻义、喻利"章。淳熙十年，在孝宗召见时，公然批评朝廷"临御二十余年……版图未归，仇耻未复"。贬谪至台州主管崇道观。学者四方云集，乡曲长老也俯首听讲，徙寺观讲论，环而听者二三百人，槐堂至不能容。遂登贵溪应天山，建象山精舍讲学。

据记载：陆九渊在应天山讲学，每旦精舍鸣鼓，则乘山筿（jiāo）至讲堂，从学者各以小牌，写上自己的姓名、年甲，顺序进谒，约数百人，皆齐肃无敢喧哗、交头接耳者。"首诲以收敛精神，涵养德性，虚心听讲"，很像现代的组织教学。其讲经书，每启发人之本心，间又举经语为之论证，闻者莫不感动。初见者或欲质疑，或欲致辩，或以学自负，或立崖岸自高者，闻诲之后，多自屈服，不敢复发。其有欲言而不能自达者，则代为之说，宛如其所欲言，及从而开发之。至有片言半辞可取，必奖进之。诸生皆感激振奋。

象山精舍，不先建斋舍，不提供饮食，不立学规，全凭精神感化。居山间讲学，前后五年，著录听讲者逾数千人。陆九渊象山精舍讲学，强调以"明理""立心""做人"为本，与朱熹所主张的书院教育有着显明的区别。象山精舍或称象山书院成为南宋最具特色、颇有影响的书院之一，是陆九渊象山学派的发源地和学术中心。

在中国学术史上产生重要影响的鹅湖之会是经吕祖谦周旋安排的一次朱陆学术论辩的集会，为纪念鹅湖之会而创建的鹅湖书院也成为南宋闻名的书院。

鹅湖之会是于淳熙二年吕祖谦邀陆九龄、陆九渊兄弟与朱熹相会于信州铅山之鹅湖寺，中心论题是"为学之道""论及教人"。据《象山年谱》记载："鹅湖之会，论及教人。元晦之意，欲令人泛观博览而后归之约；二陆之意，欲先发明人之本心而后使之博览。朱以陆之教人为太简，陆以朱之教人为支离，此颇不合。先生（陆九渊）更欲与元晦辩，以为尧舜之前何书可读？复斋（陆九龄）止之。"

理学后学为纪念"朱陆之会"，于鹅湖寺建四贤堂（祠），祀朱、吕和二陆。淳祐十年（1250）江东提刑蔡抗于寺旁建书院，理宗赐名"文宗"。鹅湖之会的意义在于理学各派学术论争的历史价值，对书院教学提倡学术论争有良好的影响。鹅湖书院实际上成为书院与理学论辩有密切关系的一个象征。

陆九渊门人弟子众多，有不少人创建书院讲学。

1. 江西陆门弟子与书院教育

陆九渊在槐堂、象山精舍讲学，江西弟子甚众，建书院讲学者很多，在江西形成了一个重要的陆学研究和传播中心。

傅梦泉，为陆九渊的得意弟子，在《宋元学案·槐堂诸儒学案》

中名列第一。陆九渊赞誉他"人品甚高"。淳熙二年登进士第,教授澧州、衡州,曾修石鼓书院,主讲其中,士人从之学者甚众。陈傅良曾与之讲论,也深为佩服。知宁都,曾于城市之南讲学,以从学者日众而构室居之,号曾潭讲堂。朱熹、张栻都曾与他有过学术交往,虽学旨有异,但都予以很高的评价。

邹斌,初从学于陆九龄弟子李德章,后从陆九渊学。朱陆鹅湖之会时,曾随陆前往与会。袁甫建象山书院,拟聘请他主持教事,因年老病辞。所居号南堂,藏书万卷,弟子甚众。

晁百淡,从学陆九渊,登淳熙二年进士,授吉州教授。后知南康军,曾到白鹿洞书院拜谒,入仕 40 年,家无余财,家居聚徒讲学,在临川铜鼓山建有碧润书院。

董德修,先入象山之门,隐居力学,终日静坐,潜心理学。后从之学者日众,在其居处流坑建心斋书院。

吴绍古,曾从陆九渊学于应天山,结庐而居,建草庐于濯缨,陆九渊曾亲书"濯缨"斋名相赠。家居饶州安仁(今江西省鹰潭市余江县),其讲学处为玉真书院,位玉真山麓。

2. 浙东陆门弟子与书院教育

陆九渊在槐堂、象山讲学先后数十年,弟子数千人。"然其学脉流传,偏于浙东。"朱熹也曾说过:"浙东学者,多子静门人,类能卓然自立,相见之次,便毅然有不可犯之色。"其势力之大,影响之广,超过江西陆学门人。最著名的有明州慈溪杨简、鄞县袁燮、奉化舒璘和定海沈焕四人。因甬江流经其地,故号称甬上四先生,或明州四先生，四明四先生。

杨简，乾道五年（1169）进士，先为富阳主簿。陆九渊路过富阳时，夜集双明阁，曾以扇讼为例，说孰是孰非，非本心为何？杨简闻之，"忽觉此心清明澄然"，继而拱坐达旦，质明拜纳，遂称弟子。后曾应鄞县史氏之请，多次在碧沚书院讲学，甬上士子从游者如云。杨简曾筑室于慈溪德闰湖畔，更名慈湖，聚徒讲学，后人建慈湖书院以为纪念。杨简被誉为"陆氏之功臣"，特别在陆九渊逝世后，传播和发展陆学有重要贡献，"自象山既殁之后，而自得之学始大兴于慈湖。其初虽得于象山，而日用其力，超然独见，开明人心，大功于后学"（《絜斋集·赠傅正夫》）。

袁燮，号絜斋，少读史籍，乾道初入太学，曾受到陆九龄的教诲。与同里杨简、舒璘、沈焕同聚，朝夕切磋。曾学于吕祖谦，与陈傅良为友，后归宿于象山门下，主张"人生天地间，所以超然独贵于物者，以是心尔。心者，人之大本也"，"学贵自得，心明则本立"。他勉励后学主要强调"尊德性"，同时又要"实根本于学问"，又有朱学的味道。袁燮居家讲学之所建城南书院（**又称絜斋书院**），曾与杨简、舒璘、沈焕联讲会，四方请益之士众多，盛况空前。嘉定初，袁燮任江西提举常平茶盐公事权知隆兴府（**治南昌**），全力支持同门友人丰有俊创建东湖书院。

丰有俊也是陆九渊的弟子。他建议在隆兴府——原为宋初李寅所建涵虚阁旧址建东湖书院。建议指出："古者学校既没，复有泽宫。今长沙之岳麓，衡阳之石鼓，星诸之白鹿，群居丽泽，服膺古训，皆足以佐学之不及。此邦今都会，而不能延四方之名流，讲诵磨切，殆非所以助成风教。请筑馆焉。"这个建议得到秘阁修撰江西转运使权兼隆兴府事的胡槻（guī）的大力支持，决定"营栋宇""丛简编"，招罗俊贤。沿湖建屋 34 间，使之成为"门庭堂宇，宏丽崇深，庖湢器用，咸备无缺"的书院，又将东湖水利、水产和一部分公田收益归于书院，以供费用，并征集江南西路各军州图书充实其中。此时，袁燮继任知府之职，更全力支持，遂使书院建成，并奏请宁宗敕赐"东湖书院"额。东湖书院在袁燮、丰有俊的主持下，继承和发展象山学派的学术思想，成为最有影响的陆学基地和研究中心。东湖书院和白鹿洞书院闻名各地，"处白鹿""游东湖"成为当时学者的一大时尚。

舒璘，曾问学于朱熹、吕祖谦和张栻，最后受业于陆九渊。其学重笃实力行，主张躬行愈力，德性愈明。长期任徽州教授。教学"不惮勤劳，日日诣讲，隆冬酷暑，未尝少怠。筑风雩（yú）亭，以时会集，暮夜亦间往。日有讲究涵泳之功。质有顽钝不善者，循循善诱"，被誉为"天下第一教官"。其居家讲学的书堂称广平书院。王应麟在《广平书院记》中称：舒璘"之学始于张而成于陆，考德问业于朱、吕。心融神会，精智力践，其躬行有尚絅之实，其诲人有时雨之泽，沈（焕）、杨（简）、袁（燮）三先生道同志合，化东海之滨为洙泗，位不配德，而教行于乡，声闻于天下"。可见其学术地位和在书院发展方面的贡献和影响是很大的。

沈焕，在太学读书时，与杨简、袁燮、舒璘为好友，同师事陆九龄。在乡里与史浩友好，史浩在月湖竹湖为之建讲舍，称沈端善讲舍，或竹洲书院。与杨简、袁燮会讲年余。居家讲学之所建南山书院。

杨简、袁燮、舒璘、沈焕，在南宋中后期影响很大，对传播和弘扬陆学发挥了巨大作用，在浙东一带形成陆学研究的中心，浙东一带的书院多成为讲习陆学的基地。文天祥曾评价说："广平（舒璘）之学，春风和平；定川（沈焕）之学，秋霜肃凝；瞻彼慈湖（杨简），云间月澄；瞻彼絜斋（袁燮），玉泽冰莹。一时师友，聚于东浙。呜呼，盛哉。"（《文山先生全集·指南录》）

（二）吕祖谦和婺学与南宋书院

谢山在《同谷三先生书院记》中称："宋乾淳以后，学派分而为三，朱学也，吕学也，陆学也。三家同时，皆不甚合。朱学以格物致知，陆学以明心，吕学则兼取其长，而复以中原文献之统润色之。门庭径路虽别，要其归宿于圣人，则一也。"

这里讲的"吕学"就是指以吕祖谦为代表的理学学派。

"吕学"也被称作"婺学"，是因其形成于婺州而得名，婺州州治即浙江金华，故又称作"金华学派"。不过，"婺学"是就学派形成的地域特征而言的，不仅包含以吕祖谦为代表的"吕学"或"金华之学"，还包含以陈亮为代表的"永康之学"和以叶适为代表的"永嘉之学"。明代杨维桢在《宋文宪公集·序》中说："余闻婺学在宋有三氏：东莱氏（吕祖谦）以性命绍道统，说斋氏（唐仲友）以经世立治术，龙川氏（陈亮）以皇王帝霸之略志事功。"全祖望在《宋元学案》也有相似的说法："乾淳之际，婺学最盛。东莱兄弟（吕祖谦、吕祖俭）以性命之学起，同甫（陈亮）以事功之学起，而说斋则为经制之学。"

吕祖谦

　　南宋理学就学派性质而言，实际分为两大学派，一方为身心性命之学，包括以朱熹为代表的理学和以陆九渊为代表的心学；一方为讲究经世致用、注重实事实学的事功学派。有的学者将吕祖谦的金华之学归入事功学派，这是因为金华之学被列入"婺学"。事实上，仅就吕祖谦而言，更倾向于身心性命之学，"以性命绍道统"或"以性命之学起"。不过，吕祖谦与朱陆相比，更重经世致用，确也含有某些事功学派的学术特色，但非其学术主旨。在身心性命之学中，在朱陆两大学派之间，吕祖谦折中其间，"兼取其长"，也更倾向于朱学，也颇受陆学影响。

　　吕祖谦学术思想的最大特色是兼容各家，博采众长，不名一师，不私一说，以儒为宗，兼通诸家，多识前言往行，重视中原文献之统，由经入史，以史谈经。

　　无论如何，吕祖谦和他所代表的学派在南宋颇有影响，也很有特色，这是学界所公认的。

吕祖谦生于 1137 年，卒于 1181 年，是一位英年早逝的学者。他一生曾做过朝廷命官，但时间不长，大部分时间是在家中或书院讲学。

吕祖谦于隆兴元年（1163）登进士第，时已 27 岁。乾道二年（1166）其母病逝，护丧返里，在武义明招山建庐守墓，讲学读书。四方学子争相前来问学。乾道九年（1173）又遇父丧，再次居明招山守墓。聚徒讲学。

吕祖谦讲学之所，称"丽泽"，时人遂以丽泽书院相称。

吕祖谦讲学于丽泽堂，学术特色突出，吸引四方学子，从学者甚众，影响之大，"称霸东南"。丽泽书院也成为南宋时期与朱熹复兴的白鹿洞书院、陆九渊创立的象山书院、张栻主持的岳麓书院并立的四大著名书院之一。

吕祖谦讲学于丽泽堂，十分重视书院制度化建设，对南宋书院制度的完善有重要贡献。他特别强调"学有规，行有矩"。他主张"学者必以规矩，大抵小而技艺，大而学问，须有一个准的规模。射匠皆然，未有无准的规模而能成就者"，"百工皆有规模，今之学者反无规模，始不知始，终不知终，不知成就亦不知不成就，此最为学者大病"。乾道四年（1168）九月他为丽泽书院所订规约正体现了这一精神。

凡预此集者，以孝弟忠信为本，其不顺于父母，不友于兄弟，不睦于宗族，不诚于朋友，言行相反，文过饰非者，不在此位。既预集而或犯，同志者，规之；

规之不可，责之；责之不可，告于众而共勉之；终不悛者，除其籍。

凡预此集者，闻善相告，闻过相警，患难相恤。游居必以齿相呼，不以文，不以爵，不以尔汝。

会讲之容，端而肃；群居之容，和而庄。（箕踞、跛倚、喧哗、拥并，谓之不肃；狎侮、戏谑，谓之不庄。）

旧所从师，岁时往来，道路相遇，无废旧礼。

毋得品藻长上优劣，訾毁外人文字。

郡邑政事，乡间人物，称善不称恶。

毋得干谒、投献、请托。

毋得互相品题，高自标置，妄分清浊。

语，毋亵、毋谀、毋妄、毋杂。（妄语，非特以虚为实，如期约不信，出言不情，增加张大之类皆是。杂语，凡无益之谈皆是。）

毋狎非类。（亲戚故旧或非士类，情礼自不可废，但不当狎昵。）

毋亲鄙事。（如赌博、斗殴、蹴踘、笼养朴淳、酣饮酒肆、赴试代笔或自投两副卷、阅非僻文字之类，其余自可类推。）（《吕东莱文集》，商务印书馆《丛书集成》本）

这个学规内容丰富而具体，如治学为人、待人接物、处事应世，都有明确规定及严格的标准。提倡自律，也鼓励师友相互督促、监督，有赏也有罚。包含了书院教育和管理方面的主要内容和基本要求，也体现吕祖谦教育思想的基本精神和主要特色。

这个学规定于乾道四年（1168），朱熹亲定的《白鹿洞书院揭示》定于淳熙七年（1180）。丽泽书院学规比白鹿洞书院教规早了12年。两相比较，不难发现丽泽书院学规对白鹿洞书院教规的影响。也不难看出吕祖谦在南宋书院制度化建设方面所起的作用和作出的贡献。

乾道五年（1169）吕祖谦又对学规进行修订，变成不仅适用于书院，而且也可适用于一般官学的学规。也有人说，吕祖谦于乾道五年专为严州府学订立了学规：

凡与此学者，以讲求经旨、明理躬行为本。

肄业当有常，日纪所习于簿，多寡随意。如遇有干辍业，亦书于簿。一岁无过百日，过百日者，同志共摈之。

凡有所疑，专置册记录。同志异时相会，各出所习及所疑，互相商榷，仍手书名于册后。

怠惰苟且，虽漫应课程而全疏略无叙者，同志共摈之。

不修士检，乡论不齿者，同志共摈之。

同志迁居，移书相报。（《吕东莱文集》，商务印书馆《丛书集成》本）

乾道五年规约较乾道四年规约更简略，但为学宗旨更明确，更加突出了师友、同道间相互督促的作用。

吕祖谦讲学的一大特色是主张兼容并包，不持门户之见，"公平观理而撒户牖之小"，各学派之间相互取长补短，他的门人弟子继承这一传统。在南宋末期，朱陆后学学派之争愈演愈烈，发展成强烈的宗派情绪，诋毁对方，贬低他人，标榜自己。作为吕祖谦后学的丽泽弟子，仍坚持"心平气和不立崖异"，是很可贵的，也为后世"和会朱陆"奠定了基础，作出了自己的贡献。吕祖谦和丽泽书院在南宋书院发展历程中的独特地位和价值，也正在于此。

（三）湖湘学派与南宋书院

湖湘学派是南宋时期理学的一个重要学派，由胡安国、胡宏父子始创于南宋初年，至南宋中期的张栻，发展成相当成熟的一大学派，成为同朱熹的闽学（或称考亭学派）、陆九渊的象山学派、吕祖谦的婺学学派并立的四大理学学派之一。

湖湘学派的产生是奠基于北宋的理学南传的结果。其学术渊源乃上承二程之学。据南宋晚期理学家真德秀的说法：

> 二程之学，龟山（杨时）得之而南，传之豫章罗氏（罗从彦），罗氏传之延平李氏（李侗），李氏传之考亭朱氏（朱熹），此一派也。上蔡（谢良佐）传之武夷胡氏（胡安国），胡氏传其子五峰（胡宏），五峰传之南轩张氏（张栻），此又一派也。（《真文忠公读书记》卷三十一）

就是说，湖湘学派的主要代表人物是胡安国、胡宏父子和张栻。

湖湘学派的形成、发展和传播与南宋书院的发展和勃兴有着密切的关系。湖湘学派的诞生地和研究、传播的中心在湖湘一带，湖湘一带的书院也以研究和传播湖湘学派的学术教育思想为主要内容和基本特色。

1. 胡氏父子与碧泉书院

南宋建炎年间（1127—1130），胡氏父子因避战乱离荆门抵湖南，至湘潭西南衡岳一带，见此地环境十分幽美，"苍然群木之下，翠绿澄净，藻荇（xìng）交映，俗以其色故号为'碧泉'。登山四顾，乃洞庭之南，潇湘之西，望于衡山，百里而近，盖太古夷荒未辟之墟"。遂决定在此定居，以潜心研究，授徒讲学。于是与同行弟子一起动手，"夷榛莽，植松竹，山有为樵牧所残者养之，流有为蒿壤所壅者疏之，岩石之为草木所湮没者辟之"①，白手起家，自己动手，边讲学，边营造，终于建成"书堂"一所。胡安国的长子胡寅在《先公行状》中记述说："渡南江而西，休于衡岳，买山结庐，名曰'书堂'。"当时的人们称之为碧泉书堂，也有人统称为"精舍""讲舍"。开始了讲学活动。据记载：门人谭知礼随往从学，"居其精舍之旁，尽扫前日气息"。又有一门人杨训，"在文定（**胡安国**）碧泉讲舍，求愈久而愈恭"。表明其教学颇有成效，门人弟子收获很大，进步显著。

但是，胡安国于绍兴八年（1138）病逝于书堂内。其次子胡宏继

---

① ［宋］胡宏. 胡宏集［M］. 北京：中华书局，1987.

承父业，在初创书堂的基础上，进一步扩充修建而成碧泉书院。胡宏亲自撰写过一篇《碧泉书院上梁文》，不仅表明碧泉书堂、精舍、讲舍已正式称作碧泉书院，更重要的是表达了碧泉书院明确的办学宗旨和基本特色。他提出：创办碧泉书院旨在"期圣奥以翻经，立壮图而观史，由源逢委，自叶穷根，明治乱之所由"，不追慕个人的富贵荣华。"贫者肯甘于藜藿（lí huò），来共箪瓢（像颜渊那样，居陋巷，以箪食，以瓢饮，而终不改其乐）"，期望"远邦朋至，近地风从"，师生互敬互爱，相观而善，共同努力，"袭稷下以纷芳，继杏坛而跄济"，实现"伊洛之业可振于无穷，洙泗之风一回于万古"。这也正是湖湘学派学术教育思想特点的体现。胡宏用四句话阐明了湖湘学派和碧泉书院的特色，"寻绎五典之精微，决绝三乘之流遁。穷理既资于讲习，辅仁式藉于友朋"，十分精当简明。

胡氏父子还创有文定书堂和道山书院（或称云峰书院）。

文定书堂，以胡安国的号命名，实为胡氏父子相继建成。绍兴初，胡安国"由湘潭碧泉徙南岳紫云峰下筑室居之"。胡宏又加修缮而完成，他还亲撰《文定书堂上梁文》一篇，可以证明。

道山书院，或称云峰书院，是胡宏在绍兴中期，建于宁乡道山。著名学者张栻此时就学于胡宏门下，并同主道山书院。有史料记载："道山书院，在道山之阳，宋胡仁仲、张南轩筑。"又称："道山书院，一名云峰书院，宋胡宏、张栻讲学之所。"

胡氏父子开创并发展了湖湘学派，也为南宋湖南地区的书院建设作出了积极贡献。

2. 张栻与岳麓书院

张栻（1133—1180）从学于胡宏碧泉书院。据《先儒宣公张子年谱》称："绍兴三十一年辛巳，先生二十九岁……因谒拜胡五峰于碧泉书堂。五峰见之，知为大器，即告以所闻圣门近仁亲切之旨。"学成归长沙后，即着手创建书院讲学。先在长沙城南妙高峰下创建了城南书院。后于乾道元年（1165）主讲岳麓书院，并使岳麓书院名震天下。

岳麓书院在北宋初已是著名的四大书院之一。绍兴元年（1131）曾毁于战火。胡宏曾提议"兴复旧区，重赐院宇"，自愿充任山长，以"继述先人之志"，"表朝廷崇儒广教之美"，但未能如愿。

乾道元年湖南安抚使刘珙（gǒng）修复岳麓书院，"书院建成，为屋五十楹，大抵悉还旧观"。张栻为之作记，并主持教学，先后达七年之久，使岳麓书院成为重要的理学研究和传播的基地。

张栻大力提倡岳麓书院应以"传道济民"为宗旨，反对"群居佚谈""缀缉文辞""规取利禄"，要求弟子"潜心孔孟"，首应"明义利之辨"。教学上提倡师生论辩，质疑问难，重视躬行践履，不务空谈虚论，学生自学为主，教师精心指导。

张栻在主讲岳麓书院时，创立了"会讲"（或称"讲会"）的教学形式，对后世书院讲学影响极大。到了明代，书院"会讲"成为主要的讲学形式。乾道三年（1167）朱熹自福建武夷山来到湖南长沙，拜会张栻，并在岳麓书院共同讨论"《中庸》之义"。两位理学大师对"中和"之义理解不一。朱熹主张"于静中体认大本未发时，气象分明，即处事应物，自然中节"。因此，道德修养须在喜、怒、哀、乐未发之时，去体验和涵养，然后即可在喜、怒、哀、乐已发的处事应物中符合道德规范，即"先静后动"，"静中见动"。张栻则主张在喜、怒、哀、乐已发的处事应物中先"察识"未发的大本，即"先动后静"，"动中见静"。这就是学术思想史上十分著名的朱张会讲。

　　朱熹在岳麓书院两个多月，同张栻深入探讨，竟至"三日夜而不能合"。讨论的范围十分广泛，除"中和"问题外，还有"太极"问题，"知行"问题。会讲中，意见分歧很大，双方都不轻易放弃己见，但又能相互尊重，虚心学习。事后，两人深感会讲收获极大。朱熹在赠别诗中称："昔我抱冰炭，从君识乾坤。"张栻也认为，"既见朱熹，相与博约，又大进焉"。在两人辩论之余，张栻还请朱熹在城南和岳麓书院讲学，"每语学者观《孟子》道性善及求放心两章。务收敛凝定，以致克己求仁之功"。据说湖湘弟子远道来听讲者甚多，致使岳麓书院门前，车水马龙，盛况空前，"学徒千余，舆马之众至饮池水立竭，一时有潇湘洙泗之目焉"，开创了邀请不同学派学者到书院讲学的风尚。

第四章

元代书院的官学化

元代是以蒙古民族为主体联合北方少数民族创建的封建大帝国。

蒙古民族原生活在我国黑龙江上游的额尔古纳河流域，13 世纪时崛起。在其领袖成吉思汗（**铁木真**）的率领下，东征西伐，于 1227 年灭西夏。1234 年又在窝阔台率领下灭金。1271 年元世祖忽必烈定国号为元，并于 1279 年灭南宋，从而统一了全国，建都于大都（**今北京市**）。

蒙古民族素以游牧生活为主，辽、金时代尚处在原始氏族社会末期。在 12—13 世纪时，逐步建立了奴隶制度，在先后灭西夏、金和南宋之后，开始了封建化的进程。

元代的基本国策是推进封建化，其文教方针和书院政策都是为封建化的基本国策服务的。

一、元代的文教方针及书院政策

基本处于奴隶制社会发展阶段的蒙古民族在统一全国之后，面对着汉民族集中的中原大地，已经有上千年发展封建制度的历史，经济发达，文化教育、科学技术都处于领先地位。如何加速本民族的封建化进程，又能充分保持本民族的传统优势和特点，是元代统治者所面临的十分迫切而又极其复杂的社会问题。加速封建化必须走"汉化"之路。推行"汉化"的文教方针正是由元代加速封建化的基本国策所决定，并为之服务的。

元世祖忽必烈是元代推行"汉化"文教方针的奠基人。他对蒙古民族的历史和现状作出了正确的分析，指出："祖宗肇造区宇，奄有四方，武功迭兴，文治多缺"，清醒地认识到蒙古民族"武功迭兴，文治多缺"正是在政治、经济和文化教育方面封建化程度不足的体现。

元代推行"汉化"文教方针，首先表现在提倡尊孔崇儒。孔子创立的儒家学派自汉代以后就一直作为中国封建社会的正统思想，尊孔崇儒是历代封建统治者文化教育总方针的核心。元世祖至元四年（1267）正月，"敕修曲阜宣圣庙"，五月，"敕上都重建孔子庙"，并将在战乱时"为人掠卖"的儒士"官赎为民"。接着又下令，"凡儒户徭役，一切蠲（juān）免"。曾有儒生"请世祖为儒教大宗师，世祖悦而受之"，表现了元世祖对尊孔崇儒的积极态度。早在元太宗窝阔台执政时，曾任中书令的契丹人耶律楚材就曾建议重用儒臣。1232 年元军攻克汴梁，耶律楚材"请遣人入城，求孔子后，得五十一代孙元措，奏袭封衍圣公，付以林庙地。命收太常礼乐生，及召名儒梁陟、王万庆、赵箸等，使直译九经，进讲东宫。又举大臣子孙执经解义，俾知圣人之道。置编修所于燕京，经籍所于平阳，由是文治兴焉"。(《元史·耶律楚材传》)1237年，耶律楚材奏称："制器者必用良工，守成者必用儒臣。儒臣之事业，非积数十年，殆未易成也。"元太宗表示同意，"乃命宣德州宣课使刘中等随郡考试，以经义、词赋、论，分为三科。儒人被俘为奴者，亦令就试，其主慝（tè）弗遣者死。得士凡四千三十人，免为奴者四之一"。当时太原路转运使吕振、副转运使刘子振，都是汉人儒生，曾犯贪赃罪，太宗责问耶律楚材："卿言孔子之教可行，儒者为好人，何故乃有此辈？"耶律楚材回答说："君父教臣子，亦不欲令陷不义。三纲五常，圣人之名教，有国家者莫不由之，如天之有日月也。岂得缘一夫之失，使万世常行之道，独见废于我朝乎！"太宗感到颇有道理，遂坚信不移。元世祖正是继承太宗帝业，继续推行"汉化"文教方针，进一步提倡尊孔崇儒，诏令各地修复或新建孔庙，令地方长官通过祭孔，进行儒家伦理道德教育，加强学校的恢复和建设，开展各种社会教化。

元代在尊孔崇儒的推动下，孔子的地位也急剧上升，至武宗朝竟加封孔子为"大成至圣文宣王"，为历代之极。

儒家经书在元代得到广泛传播。元世祖率先研读儒家经典，并敕令从官秃忽思等人辑录《毛诗》《孟子》《论语》等，供其学习之用。理学家的著作受到特别的重视，"四书""五经"《孝经》《小学》都成为士子必读之书，并被列入科举考试的程式之中，为理学的北移创造了有利的条件。

重用儒士是元代推行"汉化"文教方针的重要内容和措施，也是元代推行"汉化"文教方针的重要保证。

早在成吉思汗和窝阔台时代，就曾网罗大批亡金的儒士大夫，如耶律楚材、王楫、李藻、郭宝玉、李国昌、元好问、郝经、姚枢、杨惟中等，奠定了元代"汉化"文教方针的基础，并在元代确立"汉化"文教方针的过程中，发挥了重要的推动作用。

在元世祖忽必烈进兵南宋时，杨惟中、姚枢随军，在湖北俘获理学耆儒赵复，倍加优待，请他北上传授程朱理学。北方的儒士大夫姚枢、刘因、许衡、窦默、郝经等人，都是通过赵复才得知理学的奥义，特别是许衡对于理学在北方的传播和发展作出了突出的贡献。

大批儒士大夫在元代受到重用，有的从政，有的兴学设教，更多的人则是潜心学问和从事著述，为元代的政治、经济、文化、教育的建设和发展发挥了重要作用。

元代推行"汉化"文教方针，在统治阶级内部一直充满着激烈的争论和斗争。蒙古族的顽固贵族往往以"本朝旧俗，与汉法异"为由，反对"遵用汉法"，尤其反对重用儒士，更反对重用汉人、南人儒士。他们坚持按蒙古人、色目人、汉人、南人的严格的民族歧视标准划分亲疏远近。但是，由奴隶制向封建制过渡是历史发展的规律和趋势，也是元代统一中国、巩固其统治的必由之路。实现封建化，必须推行"汉化"，而推行"汉化"必然要尊孔崇儒，重用儒士。一大批儒士为元代的发展所作出的实际贡献，也证明了重用儒士的意义，回击了推行"汉化"的反对派，更坚定了统治者推行"汉化"的决心和信心。

元代的书院政策是服从和服务于元代的"汉化"文教方针的。因此，元代的书院政策是"汉化"文教方针的重要组成部分，又是"汉化"文教方针的具体体现和实际内容，也是"汉化"文教方针得以顺利持续推行的制度保证。

元代书院政策的制定、确立和发展，经历了一个由不自觉到比较自觉，由不成熟、不稳定到比较成熟、比较稳定的过程。大体上可以说，元代对书院采取了由注意保护到鼓励发展，又由积极创办到加强控制的政策。

元朝初年，对书院采取了注意保护的政策。元世祖中统二年（1261）六月，下令保护一切文化教育设施，规定："宣圣庙及管内书院，有司岁时致祭，月朔释奠，禁诸官员使臣军马，勿得侵扰亵渎，违者加罚。"当时主要是从政治上考虑，树立"施仁发政"的形象，尽量缓解被占领区军民的反抗情绪，对儒士文人采取安抚怀柔之策，其目的在于表示"上答天意，下结民心"，"国家育才待聘风动四方之美"。这一措施取得了积极的效果，奠定了元代书院发展的基础。

早在元太宗八年（1236）行中书省事杨惟中跟随皇子库春征宋时，就注意收集大量宋儒所著经籍图书送至燕京，并立宋儒周敦颐祠，建太极书院，延名儒赵复讲学其中。这是元代自建的第一所书院，也是中国北方地区设立书院的开端。但由于当时的主要精力仍在军事征讨，而且书院原多在南方，北方士人多不熟悉，所以反响不大。

随着巩固中原、统一江南的进展，文教建设日渐迫切。元代统治者对书院采取了积极创办、鼓励发展的政策，至元二十八年（1291）明文规定："先儒过化之地，名贤经行之所，与好事之家出钱粟赡学者，并立为书院。"此后书院得到了充分的发展。

元代对书院采取积极创办，鼓励发展的政策，并非放任自流，而是逐步加强控制。一方面反映了元代统治者对书院的重视，加强管理，为书院的发展提供了可靠的保证；另一方面也限制了书院讲学自主灵活等特色的发挥。这是封建统治者难以克服的一个矛盾，鼓励发展担心失控造成威胁，加强管理又会管死，失去书院的特色。特别是在元代统治者内部对保护和鼓励发展书院的政策充满着矛盾和斗争，一部分官僚贵族不赞成保护和发展书院。据记载，著名学者许有壬之父去世后，门人弟子为纪念他，建东冈书院以为育才之地。南台监察御史木八剌沙吹毛求疵，百般刁难，极言书院不当立，并造浮辞，加以诬陷，许有壬被迫称病归里。书院当立不当立，仍然反映了对"汉化"方针的态度。鼓励发展、加强控制在一定程度上也是统治者内部矛盾斗争的产物。

二、元代书院的发展和官学化

清代学者朱彝尊的《日下旧闻》称："书院之设莫盛于元，设山长以主之，给廪饩（xì）以养之，几遍天下。"据《文献通考·学校考》记载，太极书院为元建书院之始，其后，兴建书院蔚然成风。据曹松叶《元代书院概况》统计，元代新建书院143所，兴复原有书院65所，改建书院19所，合计227所。今人丁益吾先生查阅大量文献资料，整理成《历代书院名录》，其中载元代计有书院296所，均注明为元代所建。这项统计是比较齐全的，但仍有遗漏。如王旭为之作记的长芦中和书院，为元初高伯川所建，即未收录。考虑到宋代已有书院600余所，在元代大部分得以保存和复修，估计元代书院约近千所，真可谓"几遍天下"了。

元代书院不仅数量大增，而且书院的地域分布与宋代相比，也有很大变化。元代书院仍以江南为最多，大部分集中在长江流域。按曹松叶《元代书院概况》统计，在总数227所书院中，152所在长江流域，占66.96%，仍居第一位；32所在珠江流域，占14.10%；43所在黄河流域，占18.94%。和宋代相比，珠江流域由第二位降为第三位，而黄河流域则由第三位升为第二位。特别是黄河以北地区的书院都是元代以后才兴建的。这对于由元代开始的"南学北移"起了巨大的推动作用。王旭在《中和书院记》中称："草创以来，国家以伐宋为事，未暇文治，今圣人在上，天下一家，书籍盛于中国，学校遍于四方，斯文其将复兴乎！且书院一事，盛于南国，而北方未之有，今高君（伯川）营此，盖将以为北方倡，而因以上迎乎天意，安知不有好事者随而和之哉！他日择形胜之地，尽规模之大，有如白鹿，如石鼓，如岳麓，称于天下，名于后世，以惠学者于无穷。"这充分肯定了元代书院改变了"盛于南国而北方未之有"的状况，意义十分重大。

元代提倡私人出钱资、捐田亩建书院。元代不少书院是私人捐资献田修建的。如江西吉水张文先捐田兴建白沙书院，新乐县赵氏兄弟捐家资修建壁里书院，建宁路浦城县甄西山之孙联合族人捐私田建西山书院等。

元代朝廷对有些不愿在朝做官，退而讲学，特别是捐私田建书院者，加以鼓励，倍加褒奖。如：千奴，乞致仕，退居濮（pú）上，于历山之下，聚书万卷，延名师教其乡里子弟，出私田百亩以给养之，地方官奏明圣上，朝廷御赐历山书院额，以示褒赏；段直，割田千亩，置书万卷，聘名师，招四方来学者，朝廷特命嘉奖；田希吕在天门山麓建讲堂，成礼殿，备庖库，购经书，添祭器，捐田200亩，作为书院膏火之用，朝廷赐名为天门书院。

当然，元代各级官府更加强由官方拨资兴建或修复书院。元代以前的书院几乎全由私人或民间创办，朝廷或官府只是予以承认，支持或部分资助，元代则由官府直接创办或修复书院，据统计，元代官办书院占书院总数的52.49%，超过了半数以上，其中有7.8%的书院是由朝廷直接主办的，民办书院只占总数的47.51%。实际上，即使是私人或民办的书院，朝廷和各级官府也逐步加强了控制，从而造成了书院逐步官学化，这是元代书院发展的一个最显著的特点。

元代书院官学化的重要体现或主要措施之一，就是官方加强对书院经费的管理和控制。元代各级官府增加经费直接兴办书院，为书院专拨学田，享受与各级官学同样的官费待遇；对经费困难的民间或私办书院，也尽量给予经费上的资助；同时，对书院自筹经费和自营田产也加强管理和控制，明确规定："路、府、州书院，设直学以掌钱谷。"这一措施，表明了官府对书院的重视，并且为书院的迅速发展提供了基本的物质条件。当然，这一措施也导致了书院在经营管理上独立自主地位的削弱，书院教育的特色日益淡薄。书院与官学相差无几，仅有书院之名，而乏书院之实了；而且随着书院数量大增，官府经费有限，时常出现书院经费难以为继的困境。正如吴澄所言，许多书院"养之之费，官虽总之，而不能尽塞其罅（xià）漏，用匮则止矣"。官方经费不足，又无自筹经费的途径和能力，不少书院名存实亡。

　　元代书院官学化的另一项重大措施，是由各级官府为书院委派山长，选任主讲。有不少书院的山长、教授直接由各级官府官员兼任。即使是私人延聘的山长或教授，也要由官府认可后才能授以学官之职，也同官学同等对待。这一措施，同样表明了官府对书院的重视，有利于稳定书院的管理和教学质量，也有助于提高书院管理人员和教学人员的社会地位。这一措施的初期，确实对书院的发展起到某种积极作用。但是，它对书院发展也有消极作用，特别是到后期，其弊端更充分暴露，导致书院管理混乱，师资猥杂。元代学者虞集曾批评说："今天下学官猥以资格授，强加之诸生之上"，"选用多不精，而称职者寡"。元代学者程钜夫也指出："近年书院之设日加多，其弊日加甚，何也？徒知假宠于有司，不知为教之大，徒徇其名不求其实然耳。"吴澄更明确指出："今日所在书院，鳞比栉密，然教之之师，官实置之，而未尝甚精于选择。"其根本原因在于书院过多地"受官府之拘牵"，丧失了独立自主的特点。

三、元代的书院和理学的传播

　　元代的"汉化"方针在元初已初步形成，"尊孔崇儒"是"汉化"的基本内容。不过在元初，由于当时南北"声教不通"，宋代理学还未传到北方，北方仍是"句读"之学。在入主中原、进兵南宋之后，理学才逐步北传。"尊孔崇儒"发展为"尊崇理学"，这一变化与书院的发展有着密切关系。

元代首创的太极书院，既是北方创办书院之始，又是理学在北方传播的第一个基地。

郝经在《太极书院记》中说："乃于燕都筑室，贮江淮书，立周子（敦颐），刻《太极图》及《通书》《西铭》等于壁。请云梦赵复为师儒，右北平王粹佐之，选俊秀之有识度者为道学生，推本谨始，以太极为名，于是伊洛之学遍天下矣。"

《宋史·赵复传》也称："复以所记程朱所著诸经传注，尽录以付枢（姚枢）"，"由是许衡、郝经、刘因，皆得其书而尊信之"，"北方知有程朱之学，自复始"。

许衡是赵复百余名门徒中的佼佼者。当他从赵复处得理学义旨后，曾对弟子说："昔所授受，殊孟浪也。今始闻进学之序。若必欲相从，当悉弃前日所学章句之习，从事于小学洒扫应对，以为进德之基，不然当求他师。"于是众弟子"遂悉取向来简帙焚之，使无大小，皆自小学入""自得伊洛之学，冰释理顺，美如刍豢，尝谓终夜以思，不知手之舞，足之蹈"。在他的努力下，程朱理学被定为科场试士的程式，列为教育官定内容。

赵复的弟子门徒除许衡外，还有姚枢、郝经、窦默、刘因、梁枢、赵彧（yù）等。这些人都对元代书院的发展有重要影响。有的本人创办书院，有的由他们的弟子创办书院，而且均以程朱理学为讲学宗旨和内容。如：刘因，保定容城（今河北徐水）人。入元终身不仕，一生隐迹乡野，创建静修书院授徒讲学达 25 年之久。他极力推崇理学大师，"邵（雍）至大也，周（敦颐）至精也，程（二程）至正也，朱子，极其大，尽其精，而贯之以正也"。据说他教学中，"师道尊严，弟子造其门者，随材器教之，皆有成就"。

南方诸儒，创建书院，传播程朱理学之风更盛。如：金华王柏，得朱子三传之学，讲学于上蔡书院；许谦，居东阳八华山，学者从之甚众，江浙中书省为请于朝，建四贤书院；徽州胡炳文，于朱熹所著"四书"，用力极深，东南学者深慕其学，愿从之游者众，建明经书院并任山长；黄泽，居九江，以明经学道为志，义理一宗程朱，授江州景星书院山长，又为东湖书院山长，从学者益众；同恕，入元不仕，陕西行台侍御史赵世炎，请即奉元置鲁斋书院，先后从学者殆千余人；周仁荣，受性理之旨，工为文章，授美化书院山长。

对元代书院和传播程朱理学影响甚大的还有程端礼。程端礼先后任稼轩书院和江东书院山长。程端礼从学于史蒙卿，传朱熹"明体达用"之学，学者及门人甚众。他所著《程氏家塾读书分年日程》遵循朱熹"读书穷理""达于日用"的治学精神和方法，成为元代书院和各级官学通用的教学指导纲要。他的《集庆路江东书院讲义》更进一步集中阐发了程朱的为学之道和治学之方，逐条阐述了朱熹的读书法，概括为：循序渐进，熟读精思，虚心涵泳，切己体察，著紧用力，居敬持志六条，号称"朱子读书法"。他自称："惟精庐（即书院）初建，端礼荒陋匪材，夫岂其任。承乏之初，敢以朱子读书法，首与同志讲之，期相与确守焉，以求共学之意，使他日义精仁熟，贤材辈出，则朱子之训不为虚语，精庐不为虚设，顾不美欤！"

元代书院绝大部分是以传授程朱理学为宗旨的。但元代的程朱理学已经发生了深刻的变化。书院的讲学，都不同程度地具有"和会朱陆"的倾向和特色。

主讲于太极书院的赵复，是传朱学于北方的第一位学者。然而，在他的学术教育思想中，已兼陆学的因素。人称赵复"乐易而耿介"，易即简易、直截。他主张"博溺心，末丧本"，教人"自修读《易》求文王、孔子之用心"。在博约和本末关系上，不同于朱熹的泛观博览、支离琐碎，而融入直求本心之意，近似陆学的简易工夫。从学于赵复的许衡，被誉为"朱子之后第一人"，也被视为是谨守朱学的。事实上，他也并未严守朱学门槛，而是同意了天理赋予人心的命题，强调了尽心知性，知之其方可行之力。与许衡并称"二许"的许谦也非"株守一家"，杂入了陆学的心本论。他甚至认为求之心外，天下事物不可能穷尽，"执词泛求"等于弃本逐末，"非尊德性，则不能道问学"，几乎否定了程朱的"格物致知""读书穷理"的重要命题。

吴澄是元代理学在南方的主要代表人物，与北方的许衡齐名，有"南吴北许"之称。吴澄从学于饶鲁的门人程若庸。而饶鲁本是朱熹高足黄榦的弟子，但他不株守朱学门户，"晚年多不同于朱子"。程若庸主讲临汝书院20余年，虽以朱熹学说教人，但"不尽合朱子之意"。吴澄在偏离朱学，"和会朱陆"的道路上走得更远，以至有"宗陆背朱"之嫌。吴澄认为，所谓朱陆之争，实际上是朱陆的庸劣门徒们制造出来的，朱熹与陆九渊"二师之为教一也"。

吴澄对元代书院的发展影响很大，他早年就读于临汝书院，从师于程若庸，留下了美好的回忆和深刻印象。他在《送临汝书院山长黄孟安序》中追忆说："余昔游处其中，有宿儒揭领于上，有时彦曳裾于下，肩相摩，踵相接，而谈道义、论文章者彬彬也。昼之来集者如市，夜之留止者如家。"后又曾从师于程绍开。程绍开"尝筑道一书院，以和朱陆两家之说"。

吴澄对书院有深厚的感情和充分的了解。他本人长期以"草庐"为名从事讲学，还热心帮助和支持别人创办书院。如：大德四年（1300）安乐夏友兰筹建鳌溪书院，吴澄"与闻其议"，亲自审阅举谏申办书院的公移文书；延祐七年（1320）曾到王氏义塾讲学并代订义塾规则，王氏义塾于泰定元年（1324）获赐额江东书院。他多次应邀赴外地书院讲学，如：延祐五年（1318）讲学于永丰武城书院；次年讲学于江州濂溪书院。

吴澄的弟子门人大都热心于书院教育，积极传扬"和会朱陆"的宗旨。

虞集是吴澄最得意的弟子。自至元二十三年（1286）15岁起，直至元贞二年（1296）25岁，整整十年随吴澄游学。虞集对书院讲学十分重视，早年曾自号书屋为"邵庵"，晚年讲学于崇仁山中仍以"邵庵"为名，因来学者日众，至不能容，弟子们助其扩建规模，作邵庵书院。他经常应邀到各地书院讲学，关心各地书院的发展，对书院教育有许多精辟的见解。他先后撰写了书院记等有关书院的文稿十余篇，如：至大二年（1309）作《慈利州天门书院记》，延祐四年（1317）作《西山书院记》，泰定元年作《故丹阳书院山长马君墓碣铭》，至顺元年（1330）作《鹤山书院记》《滕州性善书院学田记》，至顺三年（1332）作《光泽县云岩书院记》《兰山书院记》，至元元年（1335）作《重修张岩书院记》，至元三年（1337）作《尼山书院记》，至元五年（1339）作《南轩书院新建藏书阁记》，至正元年（1341）作《屏山书院记》《考亭书院重建文公祠堂记》《抚州临汝书院复南湖记》，为元代书院留下了宝贵的史料文献。

吴澄的门人中还有不少创建书院或在书院中讲学，阐述"和会朱陆"的人。如夏友兰，捐田500亩创鳌溪书院，书院宗旨为"必先孝弟忠信，礼义廉耻，收敛此心……其求端用力之方，在研读四书、五经、初非记览无益之书以夸情洽，雕琢无用之文以炫华藻"。吴澄赞其"悉明孔子之道，故其于先宋后宋所创书院之意皆兼而有之"。实际上是充分肯定其兼取朱陆之长而逊两家之短。又如虞槃（pán），虞集之弟，曾任全州清湘书院山长。包希鲁受教于吴澄，曾任龙溪书院山长，主张"教人必先德行而后文艺"。张鉴，深得吴澄赏识，曾任景星书院山长。

值得注意的是，饶鲁、程若庸、程绍开、吴澄、虞集等都是有感于朱学的"支离"偏颇日甚，探索如何吸收陆学之长，以补朱学之短，从而力求发展和完善朱学，而走上"和会朱陆"的道路，也可以说是"由朱入陆"的。

元代还有一批主张"和会朱陆"的学者，是"由陆入朱"的。他们同样有感于陆学的弊端丛生，欲以朱学之长补陆学之短，以发展和弘扬陆学。其重要代表人物有史蒙卿、郑玉等。他们对元代书院的发展，也有重要影响。史蒙卿，自号静清，入元不仕，设教于乡，讲学不辍，众学者从之。在天台山讲学达八年之久。其门人为建静清书院。他主张："学问进修之大端，其略有四：一曰尚志，二曰居敬，三曰穷理，四曰反身。"（《宋元学案·静清学案》）这明显反映了"和会朱陆"的学术特色。郑玉，讲学于师山，其门人因其地建师山书院。他明确提出"兼综"朱陆的主张，"（朱陆）二先生相望而起也，以昌明道学为己任……以予观之，陆子之质高明，故好简易；朱子之质笃实，故好邃密。盖各因其质之所近而为学，故所入之途有不同尔。及其至也，三纲五常，仁义道德，岂有不同者哉！朱子之说教人为学之常也，陆子之说才高独得之妙也。二家之学，亦各不能无弊焉。陆氏之学，其流弊也，如释子之谈空说妙，至于卤莽灭裂，而不能尽夫致知之功；朱氏之学，其流弊也，如俗儒之寻行数墨，至于颓惰萎靡，而无以收其力行之效。然岂二先生立言垂教之罪者？盖后之学者之流弊云尔。"他认为："近时学者，未知本领所在，先立异同。宗朱则毁陆，党陆则非朱，此等皆是学术风俗之坏，殊非好气象也。"（《师山集·送葛子熙之武昌学录序》）他主张应各取所长，互补所短，见其长防其短，弃其短扬其长，"陆子静高明不及明道，缜密不及晦庵，然其简易光明之说，亦未始为无见之言也，故其徒传之久远，施于政事，卓然可观，而无颓惰不振之习。但其教尽是略下工夫，而无先后之序，而其所见，又不免有知者过之之失，故以之自修虽有余，而学之者恐有画虎不成之弊。是学者自当学朱子之学，然亦不必谤家山也"（《师山集·与王真卿书》）。在激烈复杂的长期学派纷争中，能有如此的识见，实在是难能可贵的。

元代书院在推动"汉化"方针，加速元代封建化进程中，在促进南北学术交流，"和会朱陆"之争中均有独特的作用。书院教育也正是在这样的历史进程中得到了更进一步的发展、充实和完善。

第五章

明代书院的新发展

明代是中国封建社会发展的成熟阶段。明代中期出现了资本主义生产关系的萌芽。商品经济的繁荣和市民阶层的初步觉醒又从封建社会内部撼动着封建统治的社会基础。这样，强化中央集权统治和加强思想控制，同要求冲破中央集权统治和解除思想控制的斗争进行着反复的较量。明代书院作为与民间，特别是知识阶层有着血肉联系的文化教育机构，对此有最敏锐的反应。明代书院正是在错综复杂的政治思想、文化教育的激烈斗争中，获得新的发展。

一、明代的文教政策与书院

明代书院的发展与明代的文教政策有密切关系。

明代初年，在结束了元末以来社会动荡不安的混乱局面，经过近百年的努力，经济得以复苏和发展，政治和社会相对稳定，出现了所谓"洪永盛世"。在此期间，朝廷坚持"世治宜用文"的文教政策，集中精力发展官学和强化科举考试，并且取得明显的成效，官学教育得到空前的发展。据《明史·选举志》称：

> 明，天下府州县卫所皆建儒学，教官四千二百余员，弟子无算，教养之法备矣。……盖无地而不设之学，无人而不纳之教，庠声序音，重规叠矩，无问于下邑荒徼、山陬（zōu）海涯。此明代学校之盛，唐宋以来所不及也。

中央官学规模扩大，设施充备，制度完善，待遇优厚。有人称：明代中央官学"规制之备，人文之盛，自有成钧，未之尝闻也"。地方各级官学也普遍设立，并采取一系列措施，调动入官学读书的积极性，一度形成"家有弦诵之声，人有青云之志"的社会风气。

正是在明代朝廷全力发展官学，强化科举考试的政策导引下，造成了明初近百年书院备受冷落，陷入沉寂状态的局面。近代学者、书院史研究专家柳诒征先生在《江苏书院志初稿》一书中指出："明初教士，一归学校"，而"讲学书院之风一变，其存者徒以崇祀先儒耳"。清代学者黄以周也曾说过："学校兴，书院自无异教；学校衰，书院所以扶其弊也。"

在这期间，有不少书院被并入地方官学或社学，连著名的白鹿洞书院，自元末毁于兵火，一直无人问津，竟然"昔日规制不可见，惟闻山鸟相呼，山鸣谷应，余音悠扬，恍类弦歌声"（《白鹿洞志》卷十二，《游鹿洞记》）。著名的岳麓书院在明初也处于荒废状态：

"破屋断垣，隐然荒榛野莽间。"当时有人留下一首《书院废迹》诗："峨峨岳麓山，前贤读书处。世远人亦亡，遗基尽荒秽。犹存北海碑，尚有南轩记。公暇一来过，徘徊发长喟！"（《岳麓志》）少数书院虽得以保留，主要是用作祭祀之所，如洙泗、尼山书院只为祭祀孔子及其弟子，不复有讲学之举了。

自明宪宗成化年间至孝宗弘治年间（1465—1505），由于宦官势力膨胀，政治日渐腐败，社会矛盾加剧。官学教育和科举考试弊端丛生。官学学生"但取食廪年深者"，"只有资格"、"不讲学力"，"士风浇漓"、"不胜其滥"。在这种情况下，一部分朝臣和读书士子担心文教事业每况愈下，强烈要求朝廷采取措施，"颁布明诏，广开言路，以振作鼓舞天下士气"（《明通鉴》卷三十三）。同时着手恢复书院讲学，以弥补或纠正官学和科举之弊。如成化元年（1465）南康太守李龄在白鹿洞书院旧址增建房舍，招郡人子弟相约其中，聘著名理学家胡居仁掌教事，"名士弦诵其间，而风教始著"，并立规约六条，"正趋向以立其志，主诚敬以存其心，博穷事理以尽致知之方，审查几微以为应事之要，克治力行以尽成己之道，推己及物以广成物之功"，吸引"四方英明豪杰之士，相与讲论，切磋于其间"（《胡敬斋集》）。又如成化五年（1469）长沙知府钱澍修复岳麓书院，使"百数十年丘墟之地，顿觌大观"，弘治七年（1494）陈钢、杨茂元继续修复，至弘治九年（1496）再次"辟道路，广舍宇，备器用，增公田，储经书"，以便"振文教于湖南，流声光于天下"（《岳麓志》卷七）。

白鹿洞、岳麓两座著名书院的相继修复，确实起到了"流声光于天下"的作用。朝廷也一改长期对书院冷漠的态度，主动提倡建书院，如宪宗成化二十年（1484）"命江西贵溪县重建象山书院"，孝宗弘治二年（1489）"以吏部郎中周木言修江南常熟县学道书院"。这都标志着明代书院全面兴盛时期即将来临。

明代正德年间（1506—1521），书院进入极盛时期。"缙绅之士，遗佚之老，联讲会，立书院，相望于远近。"其直接原因是王阳明、湛若水等一批名流大师倡书院以聚徒讲学。据《明史·王守仁传》赞称："正嘉之际，王守仁聚徒于军旅之中，徐阶讲学于端揆之日，流风所被，倾动朝野。"沈德符在其所著《野获编》中也说："自武宗朝（武宗朱厚照，年号正德），王新建（王阳明被封为新建伯，故称王新建）以良知之学，行江浙两广间，而罗念庵、唐荆川诸公继之，于是东南景附，书院顿盛。"湛若水是一位"志笃而力勤"的教育家，55 年间无日不授徒，无日不讲学，"平生足迹所至，必建书院以祀白沙（陈白沙，湛若水之师），从游者殆遍天下"。

有人统计，明代共建书院近 1600 所，其中正德年之前所建约500 所，正德年之后所建约 1100 所。就是说，从朱元璋建明至正德元年（1368—1506）近 140 年，所建书院，仅占明代书院总数的30%，正德之后同样不足 140 年（1506—1644），所建书院占明代书院总数的 70%。而正德、嘉靖两朝（1506—1566）共 60 年，却建书院达 634 所，占总数近 40%，超过正德前 140 年所建书院的总和。在王阳明、湛若水等人及其弟子门人讲学活动的主要地区，书院增设更盛，如：江西书院达 265 所，浙江也达 173 所，广东（含海南）达 149 所。三省之和近 600 所，占全国书院 1/3 以上。连西北、西南等边远地区，如甘肃、宁夏、贵州、云南等省区，也创建了不少书院，而且绝大部分为正德年之后所建。

正德、嘉靖两朝对书院发展采取支持、鼓励的方针，促使书院蓬勃发展，结果发展规模扩大，书院数量猛增，书院讲学的宗旨和内容也出现不合官方意图的趋势。朝廷感到有失控的危险。尤其是不少书院被卷入朝野政治斗争的风浪中，引起朝廷的警觉，在某些政治势力的操纵下，自嘉靖后期起，多次出现禁毁书院的事件。但是，书院具有强大的社会影响力和生命力，事实上是禁而不止、毁而难废的。

纵观明代书院的发展，明初百余年，"国学网络人才，士之散处书院者，皆聚之于两雍，虽有书院，其风不盛"。正德之后，"国学之制渐堕，科举之弊孔炽，士大夫复倡讲学之法，而书院又因之以兴"（《江苏书院志初稿》）。王阳明等人聚徒讲学，倾动朝野，东南景附，远近相望，流风所被，书院顿盛。至东林书院兴，其讲学力主"讽议朝政，裁量人物"。朝廷又采取了粗暴的禁毁措施，然而又禁而不能止。

二、王阳明及其后学与明代书院

明初学术一宗程朱理学，有人称："明初诸儒，皆朱子门人之支流余裔"，"此亦一'述朱'，彼亦一'述朱'"，朝廷以推崇程朱理学，尊程朱理学为官方正统思想，"非代圣贤立言之学不讲"。朱学日益支离琐繁，僵化呆滞，毫无创见，毫无生气。

王阳明

正德元年（1506），王阳明在兵部主事任上因卷入宦官刘瑾与科道官戴铣等人的政治斗争，而遭贬谪至贵州龙场任驿丞。这为他提供了一个潜心学术、反思检讨理学的大好机会，于是他埋头读《易》，并招来远近诸生相互讲论，创龙冈书院，颁《教条》以示龙场诸生，以"立志、勤学、改过、责善"相劝勉。他首先对朱熹的"格物致知"之说提出了大胆的怀疑，而一以"良知"为倡发，一时"士类感慕者云集听讲，居民环聚而观如堵焉，士习用变"，轰动一时。

正德四年（1509）王阳明应邀讲学于文明书院，首倡"知行合一"之说，州县子弟伏俊者纷纷前来求教，"设问答疑或至深夜，诸生环而听讲者数百计"。从此，王阳明的"良知"之论，"知行合一"之说风行各地，在社会上和学术界令人颇有耳目一新之感。自此之后，王阳明先后在江西修濂溪书院讲学，"四方学者辐辏（fú còu）"；集门人于白鹿洞书院讲学，"揭良知之教"，欲同门人共明此学；在浙江绍兴知府南大吉支持和邀请下"辟稽山书院，聚八邑彦士"，湖广、广东、直隶、南赣、安福、新建、泰和等八方学者 300 余人环坐而听；又在广西建敷文书院，传播其"致良知"和"知行合一"之学。

王阳明的学术思想和活动极大地推动了明中叶书院的蓬勃发展，书院的兴盛也为王阳明学说的传播提供了最适宜的形式和场所。阳明之学"东南景附"，"风靡天下"，弟子门人遍于国中，所建书院也就遍及各地。

浙中一带，王门弟子甚众，影响也极大。主要代表人物如下：钱德洪，早年即师从王阳明，同邑范引年等数十人会聚于中天阁，同学共进。嘉靖七年（1528）王阳明出征广西思田，他与王畿"居守越中书院"，此后，"在野三十年，无日不讲学，江、浙、宣、歙（shè）、楚、广，名区奥地，皆有讲舍"。王畿，从王阳明学，"林下四十余年，无日不讲学，自两都及吴、楚、闽、越、江、浙，皆有讲舍"。黄绾（wǎn），从学于王阳明，主张以"良知"之说为核心，吸收朱学"学与思"的"实地工夫"，曾两次与王畿展开"深辩"，吸引了众多学者，活跃了书院的学术气氛。此外，还有张元冲，为官江西时，辟正学书院，与东廓、洛村、枫潭联讲会，又建怀玉书院。程文德，被黜为信宜典史，应总督陶谐之邀，主苍梧书院。

江右一带，王门弟子众多。黄宗羲曾说："姚江之学，惟江右得其正传，东廓（邹守益）、念庵（罗洪先）、两峰（刘文敏）、双江（聂豹）其选也，再传而为塘南（王时槐）、思默（万廷言），皆能推原阳明未尽之意。"（《明儒学案·江右王门学案》）

邹守益是王学在江右的主要代表，一生从未间断讲学，先后筑复古书院、白鹭书院等。他特别热衷于联讲会，在复古书院讲学，春秋两季，"乡大夫在郡邑者，皆入会"。"延同门王艮及诸贤讲学兴礼，风动邻郡"，家居之后，"聚讲"不辍，"大会凡十"，"常会七十"，"会聚以百计"，他的足迹遍及江南大部地区，尤其江西境内，弟子动辄"以千计"。

罗洪先（念庵）、聂豹（双江）与欧阳德、邹守益等都师事王阳明讲求良知之学，建龙津书院讲论，学者远集而至，称门人者半天下。聂豹在任福建巡抚时，建养正书院，"以明正学"。

邹元标，阳明后学，曾因谏诤张居正而遭贬斥，又因上疏被谪贬南京三年，罢官家居，建仁文书院，聚徒讲学。天启初年，在京师建首善书院，与冯恭定一起讲学其中，并成为东林党的重要首领之一。

苏皖一带王门后学，被称为"南中王学"，主要代表人物有黄省会（五岳）、朱得之（近斋）、唐顺之（荆川）、徐阶（存斋）等。苏皖地区盛行讲会，如泾县水西会、宁国同善会、江阴君山会、贵池光岳会、太平九龙会、广德复初会、江北南樵精舍、新安程氏世庙会、泰州心斋讲堂等，都是王门弟子书院讲会的具体组织形式。

湖北一带主要有蒋信（道林）、冀元亨（阁斋）等。蒋信早年从学于王阳明，后又学于湛若水，因此，主张"理气、心性、人我，贯通无二"，兼有王学与甘泉学的思想成分。先后建正学书院与文明书院。学徒云集。

山东、河南一带也有王学传人，如穆孔晖（元庵）、尤时照（西川）、孟化鲤（云浦）等，分别在愿学书院、见大书院和湭（qiú）

西书院讲学。

泰州学派是阳明学的一个重要学派，而在学术旨趣上又大有别于阳明学派，其代表人物多出于社会下层，主张"百姓日用即道"，具有浓厚的平民色彩，常被称为王学"左派"，对后世影响极大，直到近代的不少激进的民主主义者均颇受其影响。泰州学派与明代书院的兴盛关系也极为密切。王艮是泰州学派的重要代表，从正德十五年（1520）起，追随王阳明，朝夕相待，沿途聚讲，先后在会稽筑书院于城市中，又在广德建复初书院"大会同志"，在泰州主持安定书院教事，后至金陵，与湛若水、吕枏（nán）、邹守益、欧阳德等讲论于新泉书院。在王阳明去世后，弟子多前往会葬，而后，"大会同志，聚讲于书院"，"四方从游者甚众，相与发挥百姓日用之学"。何心隐，闻王艮为学立本之旨，遂放弃科举仕途，专事聚徒讲学，在京师，辟各门会馆，招徕四方之士，方伎杂流无不相从。后为避官僚严嵩的迫害，踪迹不常，所游几半天下，南至八闽，东至杭州，西至重庆，到处聚徒讲学，终被反对书院讲学的张居正拘捕而死。罗汝芳，在任宁国府守时，宣讲王阳明亲订之《南赣乡约》，后在京师讲学于广慧寺，朝士多从之，致仕后"与门人走安成，下剑江，趋两浙、金陵，往来闽黄，益张皇其学，所至弟子满座，而未尝以师席自居"。方学渐，曾任国子祭酒，后弃职专事讲学，主教于紫阳书院，创制了《崇实会约》，对书院会讲制度的发展有很大影响。周汝登，先后讲学于天真书院、慈湖书院、鹿山书院，对书院讲会贡献颇多。

可以说，明代书院因王阳明及其后学讲学而兴盛，而明代书院的兴盛也为王学的发展和传播提供了机会和条件。

三、明代书院的讲会和学风

讲会（或称会讲）是明代书院的一大特点，也是明代书院兴盛的一个重要标志。

书院讲会之风大盛，是在王阳明的倡导下形成的，实施于书院教育中，逐步成为一种相当完备的制度。

王阳明认为，为学不可离群索居，不可一曝十寒，不可独学无友。固守一地，专从一师难以长进，最好的方式是经常聚会讲习，师友相观而善，取长补短，从而诱掖奖劝、砥砺切磋，使道德仁义之习日亲日近，世利纷华之染日远日疏，才能充分发挥教育的社会功能。

讲会类似于近代的学会组织，以书院为中心，联合附近社会人士共同组成，书院之间也联合经办，轮流主持，成为一个影响广泛的学术教育活动。当时著名的学会有惜阴书院讲会、东林书院讲会、关中书院讲会、紫阳书院讲会、姚江书院讲会，还有同善会、水西会、西原会、青原会、云兴会、依仁会、天泉会等。讲会都有特定的规约，所谓"凡学必有约，凡会必有规"，制定的《学约》《会约》《会规》详细明确地标明宗旨、组织、仪式、程序等。

现摘录《崇实会约》为例，以见一斑：

《崇实会约》是桐城方学渐于万历三十八年（1610）主持紫阳书院讲会新安六邑大会时，聚讲数日，临别以桐川崇实会约授六邑会友，共十二则，现存十一则：

一、会有统；二、会有期；三、会有仪；

四、会有图；五、会有辅；六、会有指；

七、会有录；八、会有论；九、会有程；

十、会有章；十一、会有戒；十二、……

在"会有戒"条下，列有下列戒规：学贵下，傲心宜戒；中贵虚，满心宜戒；功贵恒，怠心宜戒；入贵巽（xùn），躁心宜戒；养贵静，荡心宜戒；应贵直，机心宜戒；器贵宏，褊心宜戒；欲贵寡，贪心宜戒；用贵节，侈心宜戒；识贵超，习心宜戒。

紫阳讲会有严密的组织，设会宗、会长、会正、会赞、会通诸职。会宗"主盟阐教，躬执牛耳"，由各县推德高望重之人担任；会长处理会中一切事务；会正协助会长处理会务；会赞综理庶事，应酬来学；会通专管报事约友，通报联络，由才敏童子担任。

讲会有规定的日程：讲会分月会、年会两种，月会每月初八、二十三各举行一次，巳时开讲，申时散会。年会在每年九月十五（朱熹生日）或三月十五（朱熹忌日）。每会各举行三日。

讲会有隆重的仪式：开始时举行释菜（以果蔬祭先圣先师）典礼，祭孔子及宋儒；会日，由会赞设朱熹神位，供香案；会友至，首揖朱熹神位，次揖会宗，再次揖会长以下。交实录于朱熹神位前，就坐于堂前位中；会宗或会长宣读讲义一章后，歌诗一章；少选，再进讲，再歌诗；少选，查实录，赏罚讫，登记考核成绩；布席，饭讫，撤席，复坐，质疑问难，议事辨礼，至下午申时，揖朱熹神位及会宗、会长，歌诗而散。

讲会的内容，除"四书""五经"外，理学家的著述、语录等都是讲论的材料。每次会讲，先由会宗预选一章，誊发给会友，会日进讲，又选邵雍、程颢、朱熹等理学家的诗数十首，在会讲时歌唱，散会后，会友要各备日录一本，记日行何事，接何人，存何念，读何书，吐何论。须忠实记载，于下次会讲时交会，与会友共睹，以备查核。

紫阳讲会是尊朱辟王的。其他讲会也各有所宗，所以讲会演变成一种稳定的学术团体，有的还带有某种政治团体的色彩。

明代书院讲会的发展，特别是明中叶以来阳明学派的兴起，对明代书院的学风产生了重要影响，突出的表现为：敢于怀疑，注重独立思考。王阳明提出："君子之论学，要在得之于心。众皆以为是，苟求之心而未会焉，未敢以为是也；众皆以为非，苟求之心而有契焉，未敢以为非也。"其次是平等论学，求同存异，不株守门户，不以己见强加于人，提倡在学术论争中兼容宽量，具有一种豪杰之气，侠义之风。

四、东林书院和明末书院遭禁

明代后期的书院以徽州、江右、关中、无锡四处为最盛，其中无锡的东林书院更为著名。据说当时人们不知各地有书院，只知有东林，所有书院都被称为东林。

东林书院

东林书院原是程颐的门人杨时讲学的地方。明万历三十二年
（1604）顾宪成就其地建东林书院，与高攀龙等就此讲学。据记载：
东林书院，也称龟山书院，在无锡县城东南隅。当顾宪成、高攀龙讲
学时，岁两大会，月一小会，各三日，一切仿效白鹿洞书院学规，"远
近名贤，同声相应，天下学者，咸以东林为归"。

东林书院所形成的东林学派，基本上是以程朱理学为宗，反对王
学末流的放诞、任性，不务实学，无所归宿的陋习，主张人人提倡气
节，个个讲求实学。"相与共图兴复"，"以崇先哲之懿范"，"坐
收濂洛关闽之胜"。顾宪成亲自制定了《东林会约》，明确提出"饬
四要、破二惑、崇九益、屏九损"。

"四要"为：知本、立志、尊经、审几。

"二惑"为：不当惑而惑、不必惑而惑。

"九益"指讲学有九大好处，如以道义相切磋，使人耳目一新，
精神振奋，广见博闻，预筹未来，起旧图新。

"九损"是指人们讲学、治学中所常犯的毛病，提醒学者多加警惕，竭力避免，如比昵狎玩，党同伐异，假公行私，评议是非，谈论琐怪，文过饰非，多言人过，执事争端，道听途说。

东林书院闻名于当时，不仅因为其学术主张切中时弊，更重要的是它把学术活动同政治斗争密切结合在一起，积极参与当时的政治活动，扩大了书院的影响，提高了社会地位，也招来了反对者的忌恨。据《明史·顾宪成传》记载："当是时，士大夫抱道忤时者，率退处林野，闻风向附，学舍至不能容。……其讲习之余，往往讽议朝政，裁量人物。朝士慕其风者，多遥相应和，由是东林名大著，而忌者也多。"

"讽议朝政，裁量人物"是东林书院树立的新学风，东林书院不仅是一个教育组织、学术组织，而且成了一个舆论中心、政治活动中心。所以，当时凡是与东林书院有关系和来往的人物，都被指控为"东林党"。后来，甚至与东林书院全无关联，只是与当权者意见不一，也被视为"东林党"，而遭受迫害。黄宗羲在《明儒学案·东林学案》中说："东林讲学者不过数人耳，其为讲院亦不过一郡之内耳……凡一议之正，一人之不随流俗者，无不谓之东林。若是乎东林榜标，遍于域中，延于数世。东林何不幸而有是也，东林何幸而有是也。"

正因为东林书院坚持"讽议朝政，裁量人物"的学风，遂招致一些当权者的忌恨。天启年间（1621—1627），宦官魏忠贤专权，政治腐败，屡兴冤狱，制造东林党案，杀戮左光斗等，遂殃及东林书院，进而魏忠贤更视所有书院都与东林为同党，一律严令禁毁。史称：天启五年八月"拆毁天下书院，首及东林"，天启六年，"御史徐复阳

请毁讲学书院，以绝党根"。（《明史·熹宗本纪》）

东林书院遭受禁毁，已是明末第四次禁毁书院。早在嘉靖十六年（1537）和十七年（1538），正当书院蓬勃发展之时，御史游居敬上疏，指斥南京吏部尚书湛若水，倡其邪学，广收无赖，私创书院。建议禁毁其所创书院，以正人心。次年，吏部尚书许赞再次提出："抚按司府多建书院，聚生徒，供亿科扰，亟宜撤毁。"朝廷准其奏，令拆毁书院。

嘉靖十六年、十七年，连续两次禁毁书院，均因当时在朝执政者多尊朱学，而反对王、湛之学，遂对王、湛等广建书院，聚徒讲学，怀恨在心，妄加罪名，严令禁毁，开启了以政治手段压制学术发展的恶例。

明末第三次禁毁书院，是在万历七年（1579）张居正执政时。《明史》称："七年春正月戊辰，诏毁天下书院。"《明纪》记载稍详："七年正月戊辰，诏毁天下书院，自应天府以下，凡六十四处，尽改为公廨。"《明通鉴》更说明了禁毁的缘由。"七年春正月戊辰，诏毁天下书院。先是原任常州知府施观民，以科敛民财，私创书院，坐罪褫（sī）职。而是时士大夫竞讲学，张居正特恶之，尽改各省书院为公廨，凡先后毁应天等府书院六十四处。"张居正禁毁书院的主要目的是整顿和强化思想控制。他在《请申旧章饬学政以振兴人才疏》中说得十分明白："圣贤以经术垂训，国家以经术作人。若能体认经书，便是讲明学问，何必又别标门户，聚党空谈。今后各提学官，督率教官生儒，务将平日所习经书义理，着实讲求，躬行实践，以应他日之用，不许别创书院，群聚党徒，及号召游食无行之徒，空谈废业。"

张居正在《答南司成屠平石论为学书》中说得更加明白："夫昔之为同志者（指当时在书院讲授理学者）仆亦尝周旋其间，听其议论矣。然窥其微处，则皆以聚党贾誉，行径捷举。所称道德之说，虚而无当。庄子所谓其嗌言者若哇，佛氏所谓虾蟆禅耳。而其徒侣众盛，导趋为事。大者撼摇朝廷，爽乱名实，小者匿蔽丑秽，趋利逃名。""群聚党徒""空谈废业""徒侣众盛，导趋为事"，是给书院妄加的罪名，"科敛民财"更是一个借口，实在原因是担心书院讲学会"撼摇朝廷，爽乱名实"。

第四次禁毁书院，即魏忠贤制造的禁毁东林书院，扩及全国书院，更具有明显的政治色彩。

明代书院由明初的多年沉寂到明中期的空前兴盛，又到明末的连续遭受禁毁，这种忽衰忽盛的曲折历程，正好说明封建社会后期统治者政局不稳，已潜伏着深层的危机，很值得深思。

清代书院的衰落和学堂兴起

第六章

清代是我国历史上最后一个封建王朝，中国古代书院发展到清代也经历了一个历史性的变革。

一、清代的文教政策和书院发展

明中叶书院的兴盛和讲会制度的发展，曾经带动了学术的活跃，激发了知识分子关心国家、民族前途、命运的热情，也招致统治集团的恐惧，从而采取了连续禁毁的极端措施。

清代统治者在统一全国之后，吸取明代的经验、教训，对书院采取了严格的限制措施。顺治九年（1652）就通令"不许别创书院群聚徒党，及号召地方游食无行之徒，空谈废业"。但是，书院在文化教育事业的发展中已占有极重要的地位，特别是在汉族知识分子中有重要影响。简单的禁令又会加剧社会矛盾，所以又在严密控制下有限度地允许书院讲学，并且开始表彰某些书院，如：顺治十四年（1657）

应湖南巡抚袁廓宇之请，修复衡阳石鼓书院，以"表彰前贤，兴起后学"。康熙二十六年（1687）手书"学达性天"匾额赐给朱熹当年所建武夷五曲书院、婺源华阳书院、庐山白鹿洞书院和长沙岳麓书院。二十九年（1690），又手书"大儒世泽"匾及"诚意正心阐邹鲁之实学，主敬穷理绍濂洛之心传"的对联，赐给福建考亭等书院。六十一年（1722），再书"学宗洙泗"匾额赐苏州紫阳书院，透露出支持尊崇程朱理学书院发展的意向。但直到雍正十一年（1733）仍宣称："至于设立书院，择一人为师，如肄业者少，则教泽不广；如肄业者多，其中贤否混淆，智愚杂处，而流弊将至于藏垢纳污。"因此，对请求聘师建书院者，仍是"部议不准"。对私人创办书院仍严加限制。

康熙手书"学达性天"

从雍正十一年起，在禁止私人创办书院的同时，却开始提倡官办书院，首先在各省会所在地兴建或恢复书院一二所，并拨给帑金以资膏火。雍正十一年世宗谕令：

近见各省渐知崇尚实政，不事沽名邀誉之为，而
读书应举者亦颇能屏去浮嚣奔兢之习，则创建书院，

择一省文行兼优之士，读书其中，使之朝夕讲诵，整
躬砺行，有所成就，远近士子观感奋发，亦兴贤育才
之一道也。督抚驻扎之所，为省会之地，着该督抚商
酌奉行，各赐帑金一千两。将来士子群居读书，须预
为筹划，资其膏火，以垂永久。其不足者，在于有公
银内支用。封疆大臣等并有化导士子之职，各宜殚心
奉行，黜浮崇实，以广国家菁莪棫朴之化，则书院之
设，于士习文风，有裨益而无实弊，乃朕之所厚望也。

根据这则谕令，各省陆续兴办书院，并使之成为省内的最高学
府。先后修复或创建的书院有：保定莲池书院、济南泺源书院、太原
晋阳书院、开封大梁书院、南京钟山书院、苏州紫阳书院、南昌豫章
书院、杭州敷文书院、福州鳌峰书院、武昌江汉书院、长沙岳麓书院、
长沙城南书院、西安关中书院、兰州兰山书院、成都锦江书院、肇庆
端溪书院、广州粤秀书院、桂林秀峰书院、昆明五华书院、贵阳贵山
书院、北京金台书院、桂林宣成书院、沈阳沈阳书院，共23所。

在这之后，各府、州、县也纷纷设立书院，"或绅士出资建立，
或地方官拨公帑经理，俱申报该管官查复"。各级书院多被纳入了官
学的轨道。

乾隆年间（1736—1795），屡有诏谕，乾隆关心书院发展，命督抚、
学政慎选山长，奖励成绩卓著者，要求加强对书院的管理，如乾隆元
年谕：

　　书院之制，所以导进人才，于学校所不及。……该部即行文各省督抚学政，凡书院之长，必选经明行修，足为乡士模范者，以礼聘请；负笈生徒，必择乡里秀异，沉潜学问者，肄业其中，其恃才放诞，佻达不羁之士，不得滥入书院中。酌仿朱子《白鹿洞规条》，立之仪节，以检束其身心；仿《分年读书法》予之程课，使贯通于经史。有不率教者，则摈斥勿留。学臣三年任满，咨访考核，如果教术可观，人才兴起，各加奖励。六年之后，著有成效，奏请酌量议叙。诸生中材器尤异者，准令荐举一二，以示鼓励。

　　清代统治者在鼓励书院发展的同时，也加大了控制的力度。书院逐步变成仅是"广学校之不足"的官学附庸，书院主持者和主讲人多不再讲学修德，只是应付科举考试，读书士子也多迷恋于八股试帖，领取膏火。衡量书院成败得失也多以登科人数多少为准。书院讲学的主动性大为降低，学风日渐腐败。统治者自己也不得不承认，书院山长，"遂致徇情延请，有名无实"，教学"其日所咿唔者，无过时文帖括"，生徒一味追求"微末之膏火，甚至有头垂垂白而不肯去者"，"各省书院，日就废弛，均系有名无实"。

　　尽管如此，清代书院的发展并非全无成就。清代书院发展也有许多新的特点。

　　首先，清代书院数量空前，分布地域甚广。曹松叶在《宋元明清书院概况》中统计，清代书院共有1800余所，近人统计，清代书院

3000余所。不仅内地沿海各省区广建书院，许多边远省份和少数民族聚居之地也建有不少书院，如吉林、黑龙江、青海、新疆、宁夏都有书院。特别是台湾地区，清代创立的书院60余所，据连横所著《台湾通史》载列海东书院、崇文书院、南湖书院、正音书院、引心书院、蓬壶书院、李楼书院、凤仪书院、屏东书院、玉峰书院、宏文书院、白沙书院、文开书院、龙门书院、兰田书院、英才书院、登瀛书院、明道书院、学海书院、明志书院、仰山书院、崇基书院、文石书院等共23所。

其次，官办书院占绝大多数，除各级官府以公银建立外，也有各级官员出私产创建者。据曹松叶统计：清代书院1800所，地方官府创办1088所，占60.44%；督抚创办186所，占10.33%；中央京师创办6所，占0.33%；敕奏创办（**朝廷特批**）101所，占5.61%，合计官办1381所，占76.71%。民办只有182所，占10.11%。

再次，商人出资创办书院增多。随着商品经济的发展，商人的社会地位有所提高，但中国长期存在"重儒轻商"的传统观念。不少商人在取得经济地位后，也想在文化上，进而在政治上谋取一定的地位，因此希望子弟染被儒风，获得科第功名，积极捐资赞助书院或支持官府专为商籍子弟开办书院。如杭州就有徽商与盐运官员共同创办的崇文、紫阳两大书院。又如安徽旌德县洋川镇谭子文早年曾弃学从商，乾隆五十八年（1793）起筹建书院，倾其全囊，用银两万余两，花费三四年时间建成规模宏大的毓文书院。又如盐商马回琯（guǎn）独立出资，在甘泉书院旧址重建书院，称梅花书院。广州盐商王贵购旧宅一所，占地八亩余，建越华书院，"以备众商子弟藏修息游之地"。

此外，典当业、茶业、棉业、丝绸业的商人也有捐资建书院或为书院提供经费资助者。清代末年更有外国士商捐资建书院者，如同治十三年（1874）在上海创办的格致书院，就是由外国在沪轮船公司捐资建成的。光绪年间（1875—1908），上海电报局总经理经元善出资创办过经正书院。这预示着新的教育形态在逐步萌芽和成长。

二、清代独具特色的书院

清代绝大多数书院已演变成同官学无区别的考课式书院，并同官学一样沦为科举的附庸。但也有几所独具特色、影响极大，在学术史和教育史上占有重要地位的书院。

（一）黄宗羲和甬上证人书院

甬上证人书院是明清之际杰出的早期启蒙思想家、著名教育家黄宗羲创办的。康熙七年（1668），黄宗羲应众门人之请，赴宁波讲学，遂创甬上证人书院。

甬上证人书院原为甬上证人讲社，又称甬上讲经会、甬上五经会。

甬上，即以宁波为中心的浙东一带，素有结社讲论之风，故家子弟多结文社，先后有秋水社、澹园社、文业之会，又有策论会。康熙六年（1667）策论会曾联合甬上27人，集体到余姚黄竹浦向黄宗羲拜师求学，返回宁波后，成立讲经会，根据黄宗羲"受业者必先穷经，经术所以经世"的思想作为讲经会的宗旨。

黄宗羲

　　讲经会一反明中后期"高谈性命，直入禅障，束书不观"的学风，认真研读儒家经典，反而招致"阖郡惊疑"，甚至有人"间出违言"。黄宗羲为了支持讲经会，欣然应邀至甬上讲学，正式创立甬上证人书院，并亲主教席。

　　甬上证人书院不设固定的院址和讲堂。多借僧寺、祠堂，或在学生家中讲习，颇像一个流动的讲学团体、学术团体。

　　黄宗羲在甬上证人书院讲学，强调穷经、读史、经世，力改明末空疏、浮华、浅薄的鄙陋学风。全祖望在《甬上证人书院记》中指出："先生始谓学必原本于经术，而后不为蹈虚，必证明于史籍，而后足以应务，元元本本，可据可依。"重视发扬经史致世的学风，是黄宗羲学术思想的一大特色，也是甬上证人书院的独特学风。

　　甬上证人书院，除重视经史、文学之外，还重视天文、地理、数学等自然科技知识的传授，有弟子回忆说："维时经学、史学以及天文、地理、六书、九章至远西测量推步之学，争各磨厉，奋气怒生，皆卓然有以自见。"（郑梁《寒村杂录·寒村七十寿序》）以经术为本，辅之以史学、文学，以及天地律算诸学，归之于"经世""应务"，因而使"讲堂痼疾，为之一变"。

黄宗羲在甬上证人书院教学中，提倡学生独立思考、自由发挥，不唯司讲者从，不专主一家之说，而要"参伍而观"，"积思自悟"。这正是黄宗羲明显的实学思想和初步民主意识在书院讲学中的表现。

（二）颜元和漳南书院

颜元，明末清初著名的早期启蒙思想家和卓有贡献的教育家，其思想特点是重习行而不尚空谈，因而改号习斋。一生潜心自修，边事稼圃，边读书教学，不喜交际，不慕名利。他最得意的弟子是李塨（gōng）。后人称其师生的学说为"颜李学派"，其突出特色是"实"，强调"实文，实行，实学，实用"。在教育上强调习、行、动。

漳南书院，原为河北省肥乡县屯子堡所建的一所义学，县丞许三礼题此义为"漳南书院"，郝文灿主持该学，因问学者日众，感到有必要另觅师长，以满足来学者的求学要求和愿望。康熙三十三年（1694），郝文灿远涉数百里之遥到河北博野造访颜元，意欲聘请颜元前往主持漳南书院。开始颜元未应，后经反复力请，颜元才答应受聘，赴漳南书院任教。但因漳水时常洪水泛滥，终于将院舍冲毁。颜元在漳南书院任教仅四个月，即归里还乡。

颜元在漳南书院任教的第一天，即在欢迎他讲学的开讲仪式上，讲读了他精心准备的《习斋教条》，表示要在漳南书院推行周公、孔子的六艺之学。他说：

> 昔周公、孔子，专以艺学教人。近世士子惟业八股，殊失学教本旨。凡为吾徒者，当立志学礼、乐、射、御、书、数，及兵、农、钱、谷、水、火、工、虞。予虽未能，愿共学焉。一六日课数，三八日习礼，四九日歌诗习乐，五十日习射。只在二七日习八股举业。（《颜习斋先生年谱》卷上，商务印书馆《丛书集成》初编本）

颜元在漳南书院最有价值的工作，就是为漳南书院制订了一个宏伟的远景发展规划。

> 请建正庭四楹，日习讲堂。东第一斋西向，膀日文事，课礼乐书数，天文、地理等科；西第一斋东向，膀日武备，课黄帝、太公以及孙吴五子兵法，并攻守营阵陆水诸战法，射御技书等科。东第二斋西向，日经史，课《十三经》、历代史、诰制章奏、诗文等科；西第二斋东向，日艺能，课水学、火学、工学、象数等科。其南相距三五丈为院门。悬许公"漳南书院"匾，不轻改旧称也。门内直东日理学斋，课静坐、编著程朱陆王之学。直西日帖括斋，课八股举业，皆北向。

以上六斋，斋有长，科有领，而统贯以智仁圣义中和之德，孝友睦姻任恤之行。……置理学、帖括北向者，见为吾道之敌对，非周孔本学，暂收之，以示吾道之广，且以应时制。俟积习正，取士之法复古，然后空二斋，左处宾价，右宿来学。（《颜李丛书·习斋记余·漳南书院记》）

颜元以复古的形式构想了一个近代分科大学的蓝图，虽未能得以实施，但却提供了一幅发人深省的近代教育的早期理想模式。

（三）阮元和诂经精舍、学海堂

阮元（1764—1849）是清代考据学派的代表，这一学派在乾隆、嘉庆年间发展到高峰，故又称乾嘉学派。其学术宗旨为"崇宋学之性道，而以汉儒经义实之"，以"六经"为根底，由古书文字音训求义理，故也称汉学或朴学。

清代自雍正十一年（1733）以后，积极兴办省城和州府县官办书院，书院数量大增，然而书院固有的讲学传统几乎丧失殆尽，师徒醉心于应考的时文帖括，只求功名，不务实学。引起众多有识之士的忧虑和不满，寻求改革的呼声日起，人们积极探索改革的途径。如：程廷祚（1691—1767）在《上李穆堂先生论书院书》中，要求天下书院慎选山长，并"仿苏湖、白鹿之遗意以为教，入其中者先行谊而治经治史、务使各尽其材，以核其实，而勿责以科举之文"。乾隆二十四年（1759）陈宏谋（1696—1771）为紫阳书院新订条规，要求"每月课文两次，讲书六次，或四书，或经，或史，不拘长短"。钱大昕、杨绳武、卢文弨（chāo）、章学诚等都曾进行过改革，中心思想是"穷经学""通史学""博文道古""通经致用"，以摒弃举业时文，但均未能从根本上扭转书院沦为科举附庸的局面。正是在这种背景下，阮元走上了弘扬汉学、恢复书院优良传统的道路。

阮元从青少年时起就不满意"徒钻时艺"的学风，决心穷究经学，广泛涉猎自然科学，接触西方数学和天文学。嘉庆五年（1800）在出任浙江巡抚时，大胆进行书院改革，在杭州西湖孤山之麓，就昔日编纂《经籍纂诂》时的旧屋50间，创立新型书院，名为"诂经精舍"，"选高材生读书其中"，"专肄经史辞赋，一洗旧习"。道光元年（1821）阮元在任两广总督时，又亲自选址，在广州城北粤秀山上，开"学海堂"课士。

诂经精舍、学海堂的指导思想是"以励品学，非以弋功名"，不务浮华，专勉实学。教学内容以经史为主，小学、天部、地理、算法等兼顾。阮元强调"士子读书当从经学始"，"欲论经济，舍经史未由也"。而要通经，只能由训诂通义理，"舍诂求经，其经不实"，只有掌握训诂考据之功，才能"庶免凿空逃虚之病"。但是，阮元极力反对为训诂而训诂，为考据而考据。他认为："圣贤之道，无非实践"，"凡所论述，期实有济于用"，"通天地人之道"者才配称为"儒"。所以，诂经精舍、学海堂不仅传授经史、苍雅、星纬、金石、考订、文艺之学，而且传授兵刑漕河等经济之学。

诂经精舍、学海堂在教学方法上也有不少创新，首先，阮元虽亲自任教，更强调教师共同研究，"各用所长，协力启导"，以免门户派别之偏见。其次，教学以学生自学和独立研究为主，鼓励学生"识精而思锐，不惑于常解"，提倡集体讲议，辨难同异。再次，注重培养学生虚心、务实的学风。阮元反复强调："讲学是非须实事，读书愚智在虚心"，"不能实学者，先入之见填满于胸，不虚心求是非，终于愚而已"。

在清代，绝大多数官学、书院学风腐败，不务实学，专事举业的恶劣环境中，阮元能够坚持"以转移末流之失，于以崇实学，育英才，厘而工之，将以驱而一之"，实在难能可贵！

三、清末书院改学堂

中国古代书院，自唐末五代，经宋、元、明、清，延续一千余年，在中国封建社会中后期学术文化思想和教育培养人才方面产生过重大影响，形成了一套优良的传统，积累了宝贵的经验，作出了重要的贡献。然而在清末中日甲午战争之后，随着西方列强入侵，民族危机日益加深。在西学东渐的刺激下，学习西方、富国强兵、救亡图存的革新浪潮日高。封建教育日趋腐败，书院教育也"弊已积重，习亦难返"，不改革已无出路。

早在甲午战争之前，有识之士，如郑观应（1842—1921）、汤震就曾提出"仿照泰西程式"改革书院的主张。甲午战争之后，改革书院的呼声和行动更加强烈和普遍。

甲午战争，中国惨败，中国人民在痛苦中惊醒，要自强必变法，欲变法关键在兴学育才，已成为国人的共识。而广立学校，"所费必多"。有人指出："今国家正值患贫，何处筹此巨款？"人们很自然想到，改革书院，利用书院已有的基础和条件，以实现尽快兴学育才的目的，不失为一大良策。当时，全国各省及府州县都设有书院，"多者十数所，少者一二所"，并且各有经费。这样，"因旧增广，则事顺而易行，就近分筹，则需少而易集"，对现有书院进行改革，或加以变通整顿，或直接改为学堂，无须更多经费，同样可以尽快实现兴学育才的目的，这是一条"兴学至速之法"。

清末书院自身的颓败，自然是书院改革的内在根据。清代书院除少数独具特色的之外，绝大多数变成科举的附庸，"书院专究制艺，不务实学，乃一无足称矣"。各书院师资猥杂，多为滥竽充数之辈，书院"所延多庸陋之师"，"以疲癃（lóng）充数"，"惟以脩脯为事"，"未尝奉教一言"，"经史子集诗赋古文之旨，茫无所解"。结果造成"学生无所问难，院规无所整肃，士习由此败坏"。书院生徒"往往专为膏火奖赏而来"，忘本逐末，"动辄计较锱铢，忿争攻讦，颓废无志，紊乱学规，剽袭冒名"。书院已远非育才之所，反而助长恶习，损德毁行，丧失了兴学育才的作用，因此，改革书院已是势在必行之举了。

最早提出书院改学堂建议的是早期改良主义者郑观应，他在《盛世危言》一书中说："中国自州、县、省会、京师各有学官书院，莫若仍其制而扩充之，仿照泰西程式，稍为变通。文武各分大、中、小三等，设于各州、县者为小学，设于各府、省会者为中学，设于京师者为大学。"但是，郑观应的《盛世危言》一书直到1894年3月才正式刊行，这一建议在很长一段时间，未能在社会上产生实际影响。

鸦片战争后，这种主张再次被提出。光绪二十一年（1895）顺天府府尹胡燏棻（yù fēn）（？—1906）在《变法自强疏》中提出十条建议，其中第十条即为"设立学堂以储人才"。他认为泰西各国，人才辈出，其大本大源，在于广设各类学堂，学习各种实用知识。反观中国，各省虽也设立书院义塾，但于八股试帖词赋经义之外，一无讲求，明知其无用，又沿袭不改，"人才消耗，实由于此"。他建议："特旨通饬各直省督抚，务必破除成见，设法变更，弃章句小儒之习，习经济匡世之才，应先举省会书院，归并裁改，创立各项学堂。……数年之后，民智渐开，然后由省而府而县，递为推广，将大小各书院，一律裁改，开设各项学堂。"

第二年，即光绪二十二年（1896）刑部左侍郎李端棻（1833—1907）在《奏请推广学校折》中，也提出类似的建议。他说："各省及府州县率有书院，岁调生徒入院肄业，聘师讲授，意美法良。惟奉行既久，积习日深，多课帖括，难育异才，今可令每省每县各改其一院，增广功课，变通章程，以为学堂。书院旧有公款，其有不足，始拨官款补之。因旧增广，则事顺而易行。就近分筹，则需少而易集。"

胡、李两人建议，引起朝野重视，但认为"裁改书院一事，关系人才之消长，学术之纯疵，不可不熟筹审议"，应采慎重态度。

直到光绪二十四年（1898）康有为（1858—1927）再次提出："各直省及府州县，咸有书院，多者十数所，少者一二所，其民间亦有公立书院、义学、社学、学塾，皆有师生，皆有经费。惜所课皆八股试帖之业，所延多庸陋之师，或拥席不讲，坐受脩脯者……莫若因省府州县乡邑，公私现有之书院、义学、社学、学塾，皆改为兼习中西之学校，省会之大书院为高等学，府州县之书院为中等学，义学、社学为小学。"(《请饬各省改书院淫祠为学堂折》，原载《知新报》)光绪皇帝接受了康有为的建议，七日后即发布上谕："即将各省府厅州县现有之大小书院，一律改为兼习中学西学之学校。至于学校阶级，自应以省会之大书院为高等学，郡城之书院为中等学，州县之书院为小学，皆颁给京师大学堂章程，令其仿照办理。其地方自行捐办之义学社学等，亦令一律中西兼习，以广造就。"(《光绪朝东华录》四，中华书局本)

也有人认为书院确已无裨实用，但"不探其本，眩于新法，标以西学之名，督以西士之教，势必举中国圣人数千年递传之道术而尽弃之，变本加厉，流弊何所底止"(《皇朝经世文编》卷五，《胡聘之请变通书院章程折》)。因此，既反对"深诋西学者"，也不赞成"过尊西学者"。不必尽改书院为学堂，最好就现有书院加以改革。山西巡抚胡聘之和山西学政钱骏祥就主张：大量裁汰书院，重新审核书院经费，重新更定书院章程，延聘硕学通儒担任书院教授，更改书院教学内容和课程。翰林院庶吉生熊希龄认为："书院积弊太深，由于山长无人"，"学术之衰，由于无师"。他在《为整顿通省书院与黄膺等上陈宝箴书》中提出七条建议，即定教法、端师范、裁乾脩、定期限、勤功课、严监院、速变通。翰林院侍讲学士秦绶章也提出整顿书院的三项措施，即定课程、重师道、核经费。定课程受到特别重视，他提出书院应设六门课程：经学(经说、讲义、训诂)、史学(时务)、掌故之学(洋务、条约、税则)、舆地之学(测量、图绘)、算学(格致、制造)、译学(各国语言文字)。在保留

147

中国传统课程之外，增加西学课程。

还有人认为书院改革的着眼点不是变通整顿旧书院，而应着力于另辟蹊径，主张创设新型的实学书院，否则"势难骤为更张"。浙江巡抚廖寿丰于光绪二十三年（1897）请求设书院兼课中西实学；陕西巡抚张汝梅和陕西学政赵维熙于光绪二十二年（1896）也提出在陕西创设格致实学书院。廖寿丰在杭州创设了求是书院，聘中西教习，兼修中西实学。陕西泾阳创设崇实书院，兼习中西课程。

对于改革书院的三种办法，朝廷起初并未明确表态，而是将书院改学堂、整顿改革、创设新型书院的意见，"一并通行各省督抚学政，参酌采取，以扩旧规而收实效"。各地根据自己的认识和本地实情，采取了不同办法。如张之洞在湖广改书院为学堂，也有的另设新型书院，更多的是对原有书院进行整顿、变通。有的增设时务斋，如陕西味经书院规定除经史训诂外，必须学习外国教门风土人情、各国历史、万国公法、外国语言文字，对舆地、制造、兵事、电气、光镜、化学、医学、矿学、气球、气钟、算学、重学等"均须各占一门，积渐学去"。江西友教书院全裁童卷，改设算科，聘算学教师，招收算学生。湖南校经书院增设天文、舆地、测量、光化、矿电等设备和课程。湖南岳麓书院也增设掌故、算学和译学。此外，如湖南常德德山书院、江苏江宁惜阴书院和文正书院、苏州正谊书院和平江书院、云南经正书院、广西经古书院都在不同程度上进行了改革，多数是增设新课程，尤以算学为多。

光绪二十四年四月二十三日（1898 年 6 月 11 日）光绪皇帝在

百日维新运动中通令全国，书院一律改为学堂。各省均遵旨奉行。贵州巡抚王毓藻在皇帝上谕发布前七天，改省城学古书院为经世学堂。山西巡抚胡聘之将省会令德书院改为省会学堂。两江总督刘坤一在创设新式学堂的同时，将钟山、尊经、惜阴、文正、凤池、奎光等六所书院分别改为府县学堂。江苏学政瞿鸿礼（jī）将江阴南菁书院改为高等学堂。直隶总督荣禄将保定莲池书院改为省会高等学堂，另将天津集贤书院改为北洋高等学堂，将会文、三取、稽古合并改为天津府中学堂、天津县小学堂，问津、辅仁二书院也改为学堂。

但是，由于维新变法运动的失败，慈禧废除新政，一是恢复八股考试，一是停止书院改学堂，令"各省书院请照旧办理，停罢学堂"。

书院改学堂虽被迫中止，但书院改革已是大势所趋，书院虽称"照旧办理"，但事实上已经不可能了。

光绪二十六年（1900）八国联军入侵京城，朝廷被迫西逃，万般无奈，慈禧太后也不得不赞成变法，承认"取外国之长，乃可补中国之短"。书院改学堂作为教育方面的一项新政，再次引起人们的重视。光绪二十七年（1901）湖广总督张之洞和两江总督刘坤一联名上书，重新提出书院改学堂，八月初二（1901年9月14日）上谕称："著各省所有书院，于省城均改设大学，各府及直隶州均改设中学堂，各州县均改设小学堂。"各省纷纷依据本地情况，采取不同的具体步骤，掀起了一个书院改学堂的热潮。至光绪二十八年（1902）大部分省区基本上实现了书院改学堂的要求。存在千余年的古代书院，终于为新式学堂所代替。书院不仅为中国古代文化教育的发展作出了积极的贡献，也为近代教育的发展奠定了基础，书院改学堂确实是发展新式学堂的"至速之法"。书院长期积累的办学经验及教学的优良传统更是我国教育宝库中的珍贵遗产，为新教育的发展提供了有益的借鉴。这也正是研究书院的价值所在。

附录　各省（区）历代书院统计表

	唐末五代	宋	元	明	清
浙江	6	156	49	199	397
福建	6	85	11	107	116
江西	13	224	95	287	324
湖南	8	70	21	103	276
四川	5	31	5	63	383
贵州	1	1	3	27	141
陕西	2	4	7	28	109
山东	1	9	23	69	149
山西	1	4	10	61	107
河南	4	11	12	112	276
河北		3	12	70	151
江苏		29	6	66	116
安徽		20	15	99	95
湖北		17	10	69	120
广东		39	9	156	242
广西		10	1	71	183
云南			1	67	129
辽宁				7	18
内蒙古					5

续表

	唐末五代	宋	元	明	清
吉林					11
黑龙江					2
新疆					4
甘肃				8	62
青海				1	3
宁夏				2	11
海南		1		17	39
北京			3	6	18
上海		4	4	5	37
天津					15
香港		1		1	31
台湾					52

图书在版编目（CIP）数据

中国书院史话：典藏版 / 王炳照著. —北京：中国国际广播
出版社，2020.12（2024.1重印）
（传媒艺苑文丛. 第一辑）
ISBN 978-7-5078-4798-7

Ⅰ. ① 中…　Ⅱ. ① 王…　Ⅲ. ① 书院－教育史－中国－古代
Ⅳ. ① G649.299.573

中国版本图书馆CIP数据核字（2020）第239035号

中国书院史话（典藏版）

著　　者	王炳照
出品人	宇　清
项目统筹	李　卉　张娟平
策划编辑	笑学婧
责任编辑	笑学婧
校　　对	张　娜
设　　计	国广设计室

出版发行	中国国际广播出版社有限公司 ［010–89508207（传真）］
社　　址	北京市丰台区榴乡路88号石榴中心2号楼1701
	邮编：100079
印　　刷	天津鑫恒彩印刷有限公司

开　　本	710×1000　1/16
字　　数	90千字
印　　张	10
版　　次	2020 年 12 月 北京第一版
印　　次	2024 年 1 月 第三次印刷
定　　价	29.00 元